"十三五"普通高等教育本科系列教材

（第四版）

工程制图习题集

于春艳　编
程晓新　主审

中国电力出版社
CHINA ELECTRIC POWER PRESS

内 容 提 要

本习题集与中国电力出版社出版，于春艳主编的《工程制图》教材配套使用。

本习题集在第三版的基础上，根据使用情况经过修订更新而成。

习题章节与教材章节对应，内容紧扣教材，选题力求典型，联系实际。可按《画法几何及工程制图课程教学基本要求》和各校自订的教学大纲选用。

本书可作为非机类各专业的工程制图课程配套用书，也可供相近专业选用。

图书在版编目（CIP）数据

工程制图习题集/于春艳编. —4 版 . —北京：中国电力出版社，2019.8（2023.1 重印）

"十三五"普通高等教育本科规划教材

ISBN 978 - 7 - 5198 - 3528 - 6

Ⅰ．①工… Ⅱ．①于… Ⅲ．①工程制图—高等学校—习题集 Ⅳ．①TB23-44

中国版本图书馆 CIP 数据核字（2019）第 169642 号

出版发行：中国电力出版社

地　　址：北京市东城区北京站西街 19 号

邮政编码：100005

网　　址：http：//www.cepp.sgcc.com.cn

责任编辑：孙 静（010 - 63412542）

责任校对：王小鹏

装帧设计：郝晓燕

责任印制：吴 迪

印　　刷：北京雁林吉兆印刷有限公司

版　　次：2004 年 8 月第一版　2019 年 8 月第四版

印　　次：2023 年 1 月北京第十八次印刷

开　　本：880 毫米×1230 毫米

印　　张：24

字　　数：338 千字

定　　价：59.80 元

前　言

　　本习题集在 2015 年于春艳主编的《工程制图习题集》基础上修订而成，与中国电力出版社出版的《工程制图》教材配套使用，是根据教育部"卓越工程师教育培养计划"对工程技术人才的培养要求，制图方面最新的有关国家标准，以及适应当前高等学校合理调整系科和专业设置、拓宽专业面、优化课程结构、精选教学内容等发展趋势而修订。

　　为了便于教学，本习题集的编排顺序与配套《工程制图》教材的体系基本一致，内容紧扣教材，选题典型，联系实际。可按《画法几何及工程制图课程教学基本要求》和各校自订的教学大纲选用。若本习题集的顺序与教学顺序有不一致之处，教师可按教学顺序自行调整；习题和作业的内容尚有不够之处，教师可另行适当增补。

　　考虑到建筑工程相关专业很多，而且各校对本课程的教学时数和教学内容的安排也不完全一致，且为了给教师有一定的选择余地，便于对不同程度的学生进行因材施教，本习题集所包含的习题和作业的专业面较广，且有适当的余量，在教学过程中，教师可按需取舍。

　　本习题集由长春工程学院程晓新主审，审稿人对书稿进行了详尽的审阅和修改，提出许多宝贵意见，在此表示衷心感谢！

　　限于编者水平，选编的习题和作业难免存在不足之处，恳请广大读者批评指正。

编　者

2019 年 6 月

目　录

1-1　制图基本知识的填空题和选择题。　　　　　　　　　　　班　级　　　　　　姓　名　　　　　　学　号

一、填空题

1.图纸的幅面分为 ＿＿＿＿ 幅面和 ＿＿＿＿ 幅面两类。

2.图纸的基本幅面有 ＿＿＿ 、＿＿＿ 、＿＿＿ 、＿＿＿ 、＿＿＿五种。

3.标题栏位于图纸的 ＿＿＿＿＿ ，标题栏中的文字方向为 ＿＿＿＿＿＿ 。

4.比例是 ＿＿＿＿ 与 ＿＿＿＿ 相应要素的线性尺寸比，在画图时应尽量采用 ＿＿＿＿＿ 的比例，需要时也可采用放大或缩小的比例。

5.$1:2$ 为 ＿＿＿＿ 比例，$2:1$ 为 ＿＿＿＿ 比例。无论采用哪种比例，图样上标注的应是机件的 ＿＿＿＿ 尺寸。

6.汉字应用 ＿＿＿＿ 体书写，数字和字母应书写为 ＿＿＿ 体或 ＿＿＿＿ 体。

7.字号指字体的 ＿＿＿＿＿ ，图样中常用字号有 ＿＿＿＿＿＿＿＿＿ 号四种。

8.工程图样中，机件的可见轮廓线用 ＿＿＿＿ 画出，不可见轮廓线用 ＿＿＿＿ 画出，尺寸线和尺寸界线用 ＿＿＿＿ 画出，对称中心线和回转体轴线用 ＿＿＿＿＿ 画出。

9.完整的尺寸包括 ＿＿＿＿ 、＿＿＿＿ 和尺寸数字三个基本要素。

10.图样上的尺寸是零件的实际尺寸，尺寸以 ＿＿＿＿ 为单位时，不需标注代号或名称。

11.尺寸标注中的符号：R 表示 ＿＿＿＿ ，ϕ 表示 ＿＿＿＿ 。

12.绘图板是用来固定 ＿＿＿＿ ，丁字尺是用来画 ＿＿＿＿ 。

13.平面图形中的线段有 ＿＿＿＿＿ 、＿＿＿＿ 和 ＿＿＿＿＿ 三种。

14.平面图形中的尺寸按其作用可分为 ＿＿＿＿ 和 ＿＿＿＿ 两类。

二、选择题

1.下列符号中表示强制国家标准的是（ ）。
　A. GB/T　　　　　　　B. GB/Z　　　　　　　C. GB

2.我国的《机械制图》和《技术制图》国家标准，全部是（ ）。
　A. 推荐性国家标准　　B. 强制性国家标准　　C. 指导性国家标准

3.标题栏位于图纸的（ ）。
　A. 左下角　　　　　　B. 右下角　　　　　　C. 右上角

4.字体的（ ）代表字体的号数。
　A. 宽度　　　　　　　B. 斜度　　　　　　　C. 高度

5.不可见轮廓线采用（ ）来绘制。
　A. 粗实线　　　　　　B. 虚线　　　　　　　C. 细实线

6.下列比例当中表示放大比例的是（ ）。
　A. $1:1$　　　　　　　B. $2:1$　　　　　　　C. $1:2$

7.工程图中一般不标注单位，默认单位是（ ）。
　A. mm　　　　　　　　B. cm　　　　　　　　C. m

8.图样上的对称中心线用（ ）绘制。
　A. 虚线　　　　　　　B. 细实线　　　　　　C. 点画线

9.已知圆柱体的半径为30mm，在图样中标注尺寸时，应标注（ ）。
　A. $R30$　　　　　　　B. $\phi60$　　　　　　　C. $SR30$

10.在平面图形中确定尺寸位置的点、直线称为（ ）。
　A. 尺寸基准　　　　　B. 尺寸定型　　　　　C. 尺寸定位

1-2 制图国家标准的基本规定——字体练习。

图比例材料数量校对审核班级学号

标注技术要求零件装配螺纹倒角圆

0123456789

$\alpha\ \beta\ \gamma\ \theta\ \lambda\ \mu\ \pi\ \rho\ \phi\ \omega$

0123456789

$\alpha\ \beta\ \gamma\ \theta\ \lambda\ \mu\ \pi\ \rho\ \phi\ \omega$

ABCDEFGHKMN

abcdefghkmn

ABCDEFGHKMN

abcdefghkmn

1-3 按国家标准图线的规定画法，1：1比例抄画下面图形。

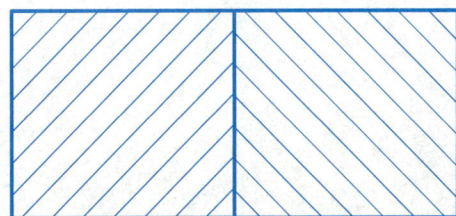

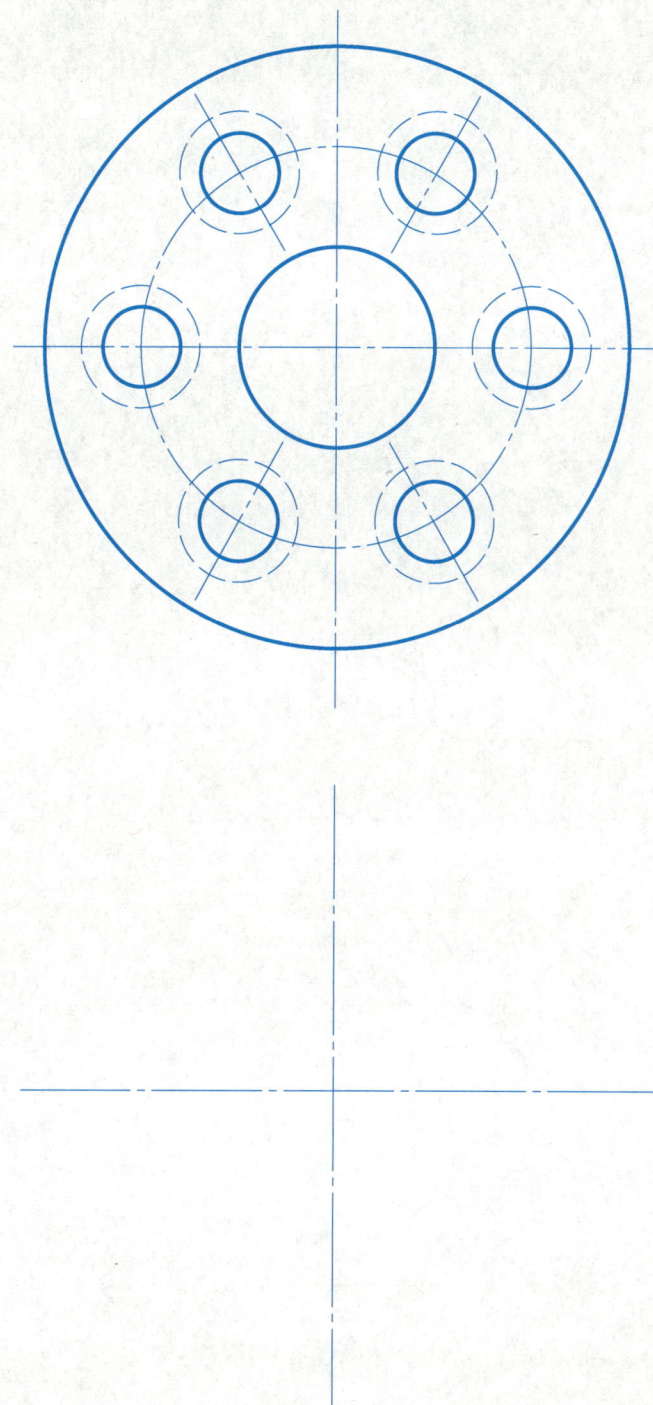

1-4　按国家标准标注尺寸，数值按1：1从图中取整量出。

（1）线性尺寸。

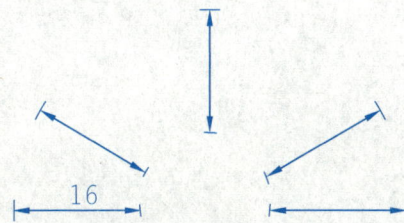

（2）角度尺寸。

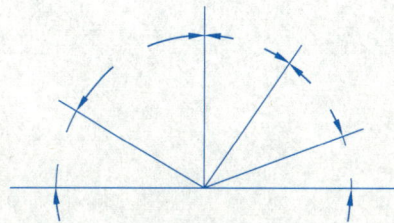

（3）直径。

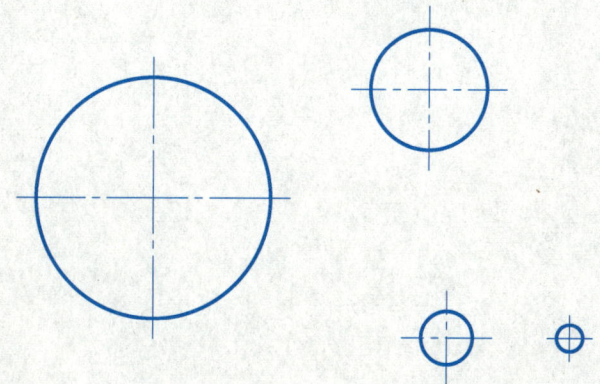

（4）半径。

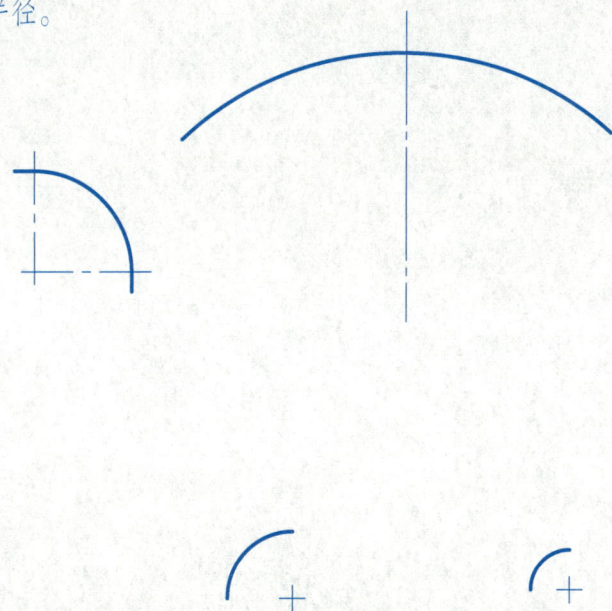

（5）几何图形。

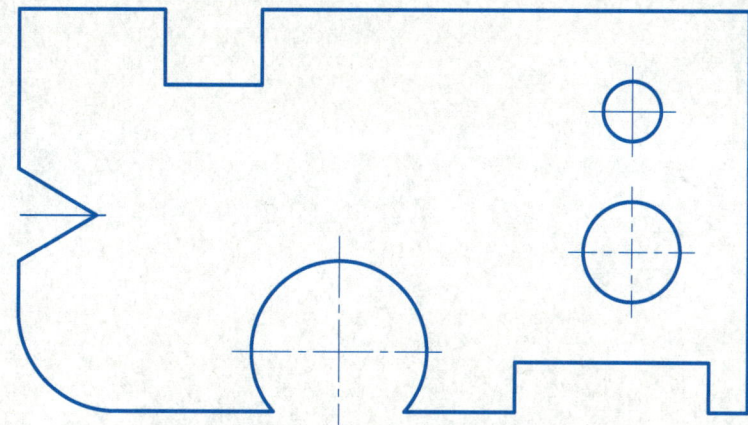

4

1-5 几何作图。

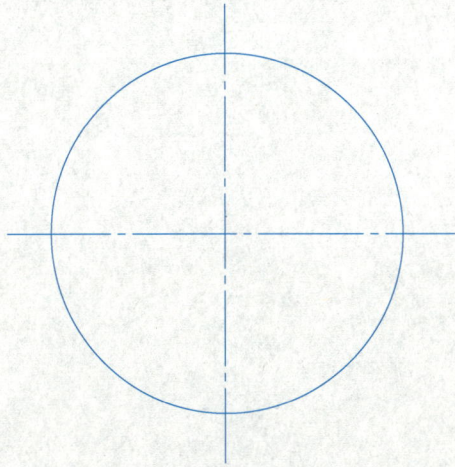

（1）用圆（分）规作内接正五角形。　　　　（2）用圆（分）规作内接正六边形。　　　　（3）参照图样，按尺寸在指定位置用1:1的比例完成手柄的图形。

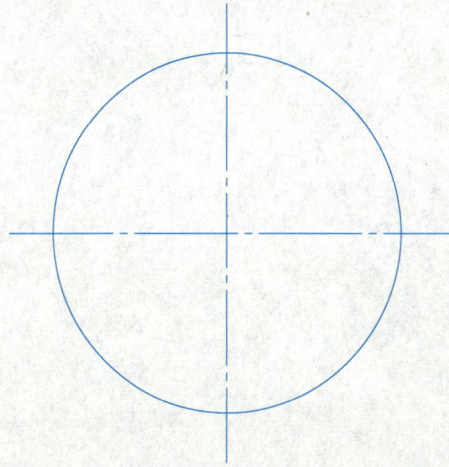

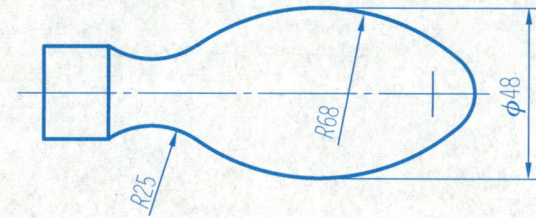

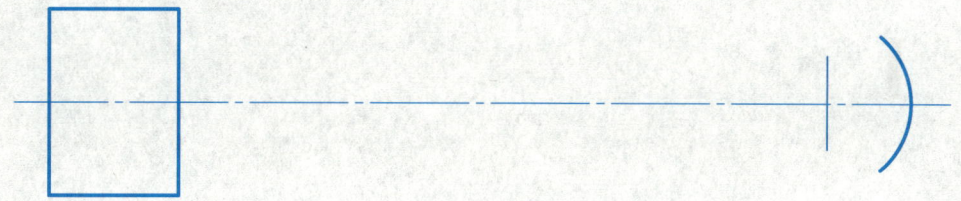

$\phi 48$

$R68$

$R25$

（4）在右侧指定位置抄画下图，尺寸直接从图中量取。

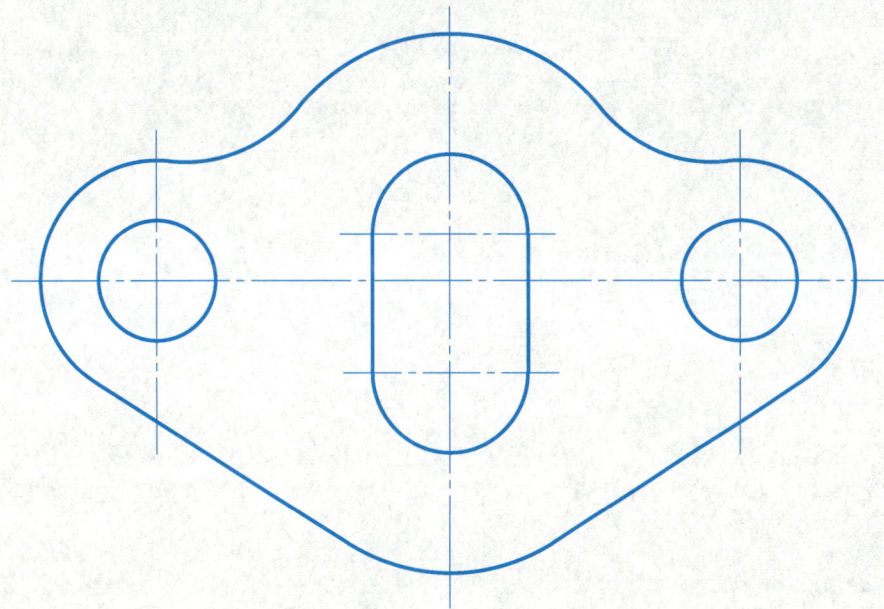

1-6 平面图形的分析及画法。　　　　　　　　　　　　　　　　　班　级　　　　　姓　名　　　　　学　号

一、作业内容

绘制平面图形并标注尺寸。

二、作业目的及要求

(1) 熟悉有关图幅、图线、字体、尺寸标注、标题栏等国家标准。

(2) 熟悉平面图形的尺寸分析过程，掌握圆弧连接的作图原理与方法。

(3) 通过作图练习，初步掌握绘图工具和仪器的使用方法，培养手工绘图的基本技能。

(4) 在工作中要严格遵守国家标准《技术制图》与《机械制图》的有关规定，图中的同类型图线粗细要一致，段长要一致，字体工整，汉字要写成长仿宋体。

(5) 仪器、工具的使用方法要正确，量取尺寸要精确。

(6) 对圆弧连接图形应先进行尺寸与线段分析，然后确定画图顺序，作图时要准确找到圆心和切点，连接点处的图线应光滑过渡。

(7) 尺寸标注要正确，要求箭头大小一致，尺寸数字一般用3.5号字。

三、作业时数

约4学时。

四、图名

基本练习。

五、作业提示

(1) 选用A3图幅，横放，摆正后用胶带固定在图板上（一般放在图板的偏左下方）。

(2) 画图幅，图框的底稿线（图框按装订格式绘制）在右下角靠齐图框线画标题栏。

(3) 布图。根据图中给定的尺寸确定每一个图形的位置，画基准线、定位线。

(4) 根据尺寸按1：1画底稿，底稿要画得轻、细、准。对于圆弧连接部分，应先画已知线段，再画中间线段，后画连接线段。

(5) 底稿画完后，经检查无误，用相应的铅笔或铅芯描深图线（先描圆弧，后描直线）。

(6) 抄注图中的全部尺寸。

(7) 填写标题栏。图样名称填"基本练习"，比例填"1：1"，图样代号"01-00"，其余各项在老师的指导下填写。

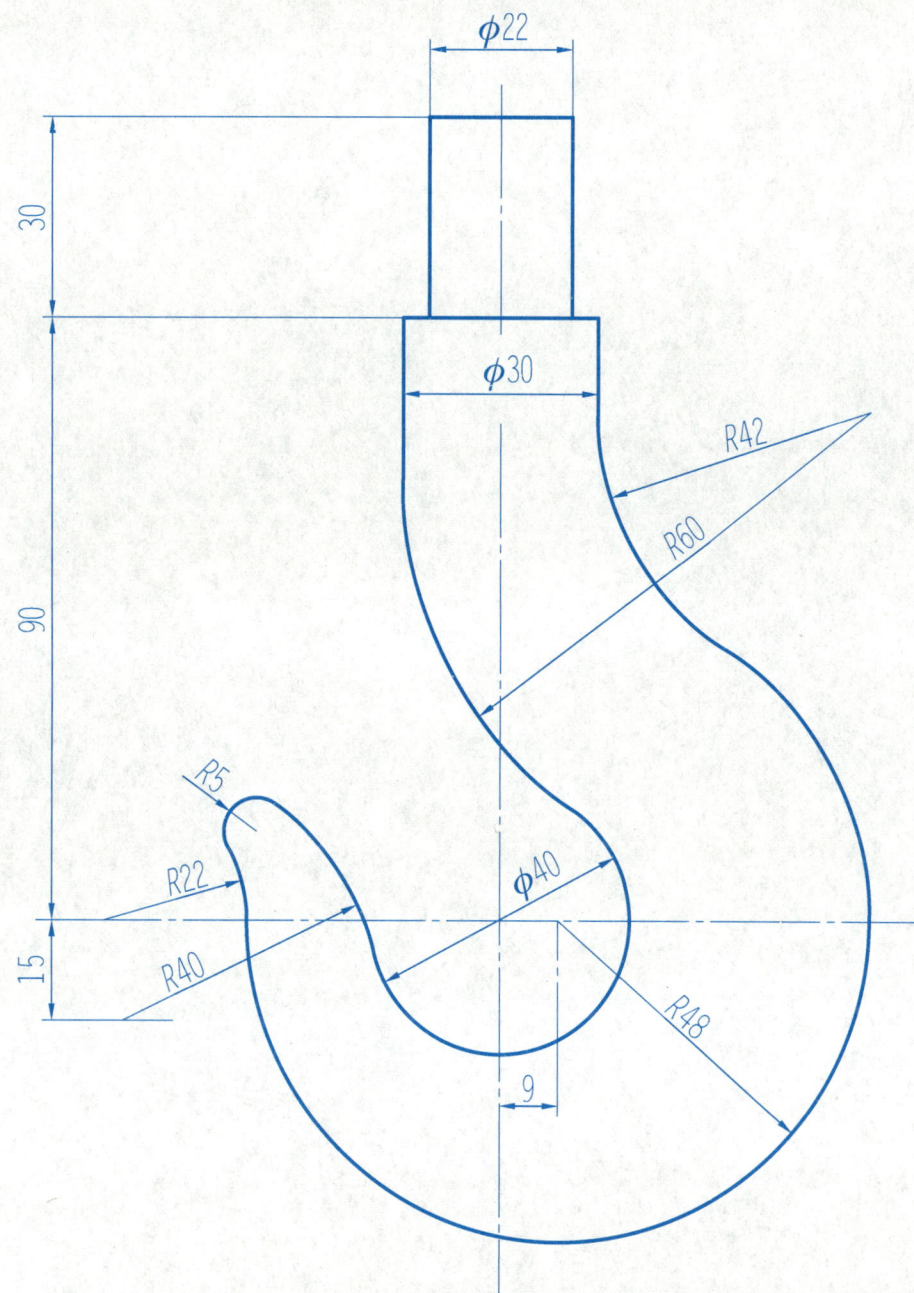

1-7 徒手绘制平面图形。

（1）

（2）

2-1 正投影基础的填空、选择题。　　　　　　　　　　　　　　班级　　　　　姓名　　　　　学号

一、填空题

1.投影法分为_____投影法和_____投影法。三视图是采用_____投影法中的_____绘制的。

2.当投射线互相_____，并与投影面_____时，得到物体的投影称为正投影。

3.一个投影不能确定物体形状，在工程上通常采用_____投影。

4.正投影的投影特性有：_____、_____和_____。

5.三视图之间的投影规律是：主视图与俯视图_____；主视图与左视图_____；俯视图与左视图_____。

6.在三视图中，主视图的位置确定后，俯视图画在主视图的_____，左视图画在主视图的_____。

7.在绘制三视图时，形体可见的轮廓线用_____线表示，不可见的轮廓线用_____表示，对称中心线用_____表示。

8.在三面投影体系中，若点有一个坐标值为零，则点在_____上，若点有两个坐标值为零，则点在_____上，若点三个坐标值均不为零，则点为_____。

9.已知点在V面上，则点的水平投影在_____投影轴上。

10.从投影图上比较空间两点相对位置的方法是：判断左右看_____坐标，坐标值大者在_____，坐标值小者在_____；判断前后看_____坐标，坐标值大者在_____，坐标值小者在_____；判断上下看_____坐标，坐标值大者在_____，坐标值小者在_____。

11.直线按其对投影面的相对位置不同，可分为_____、_____、_____三种。

12.正平线正面投影_____，水平、侧面投影_____相应的投影轴。

13.当直线垂直于投影面时，其投影为一点，这种性质称为_____。

14.点在直线上，点的投影必在直线的_____投影上。

15.空间两直线的相对位置关系有_____、_____、_____三种。

16.与一个投影面平行，且垂直另外两个投影面的平面称为_____。

17.正垂面在V面上的投影为_____，在H面和W面上的投影均为_____。

18.点在平面上的几何条件是_____。

二、选择题

1.按投影法的分类，绘制三视图采用的是（　　）。
　A.中心投影　　　　B.正投影　　　　C.斜投影

2.在三视图中，主视图反映物体的（　　）。
　A.长和宽　　　　B.宽和高　　　　C.长和高

3.在工程图样中，回转体轴线、形体对称中心线采用（　　）表示。
　A.虚线　　　　B.粗点画线　　　　C.细点画线

4.点的Z坐标，等于点到（　　）的距离。
　A.H面　　　　B.V面　　　　C.W面

5.两点的相对位置，可根据X坐标判断其（　　）。
　A.上下关系　　　B.左右关系　　　C.前后关系

6.某直线的正面投影反映实长，水平、侧面投影均平行投影轴，则该直线为（　　）。
　A.正平线　　　　B.水平线　　　　C.侧平线

7.当一直线垂直于一个投影面时，必（　　）于另外两个投影面。
　A.平行　　　　B.垂直　　　　C.倾斜

8.在空间相互平行的线段，在同一投影面中的投影（　　）。
　A.相互平行　　　B.不一定平行　　　C.不平行

9.已知平面的一个投影反映平面实形，则其另外两个投影为（　　）。
　A.类似形　　　　B.相似形　　　　C.直线段

10.已知点在平面内，则该点应（　　）。
　A.在一条直线上　　B.平面内水平线上　　C.平面内一直线上

2-2 根据立体图找出相对应的三视图，并在圆圈内填上相应的编号。

班 级　　　　姓 名　　　　学 号

2-3 根据立体图和两视图补画第三视图。　　　　　　　　班　级　　　　　姓　名　　　　　学　号

（1）

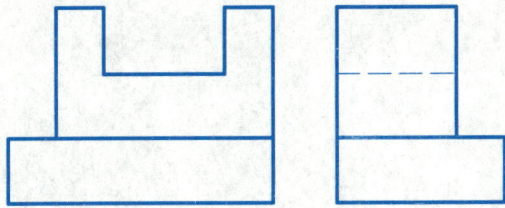

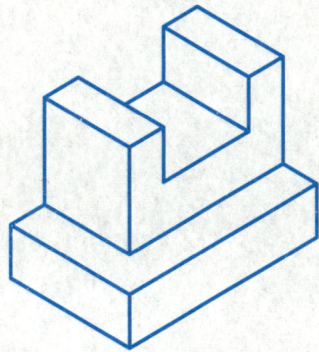

（2）

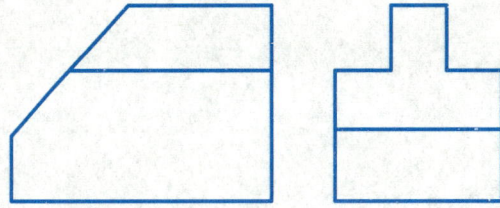

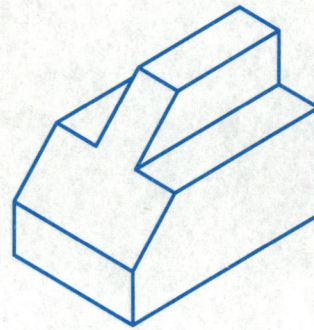

（3）

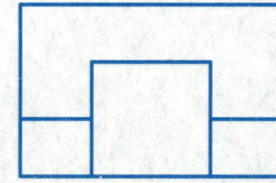

（4）

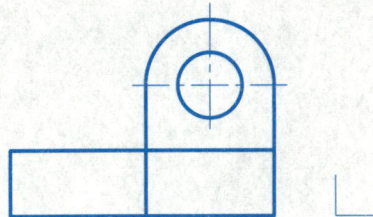

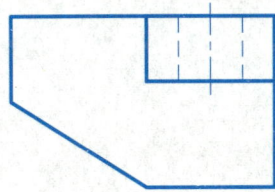

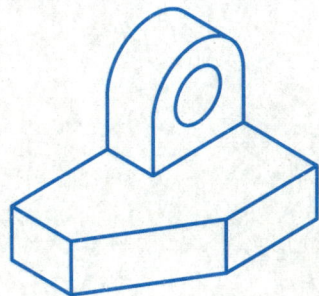

（5）

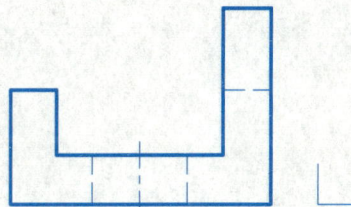

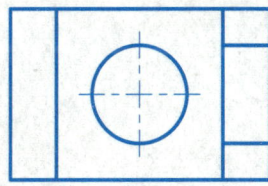

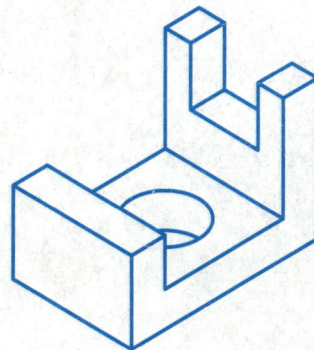

（6）

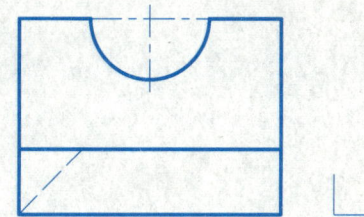

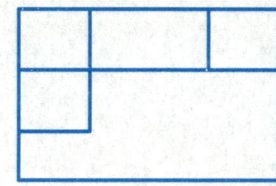

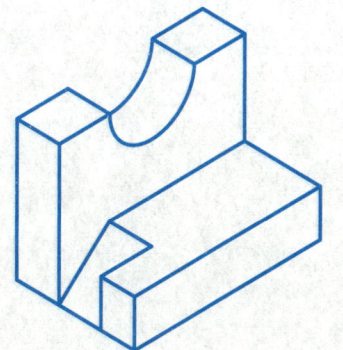

2-4 根据立体图，徒手画三视图。 班 级　　　　姓 名　　　　学 号

(1)

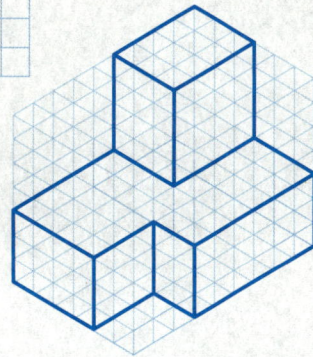

(2)

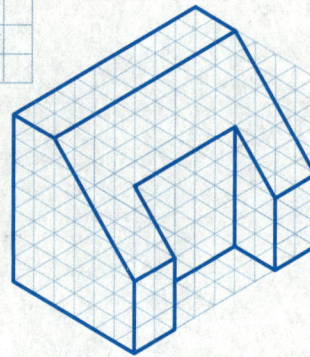

(3)

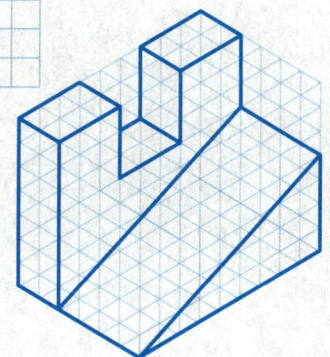

(4)

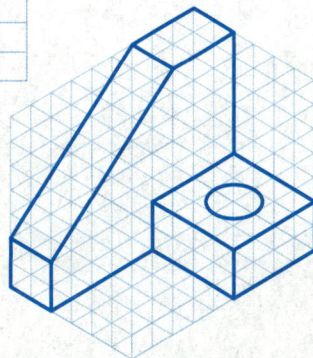

(5)

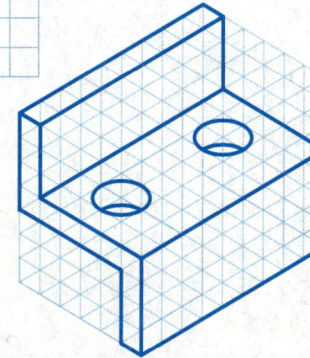

(6)

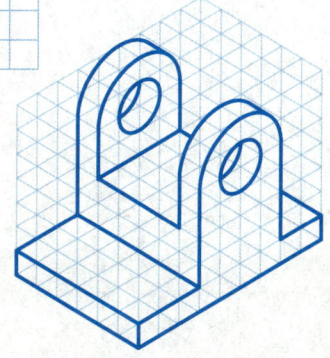

2-5　求作点的投影。

（1）根据立体图画点的投影图（1:1量取）。

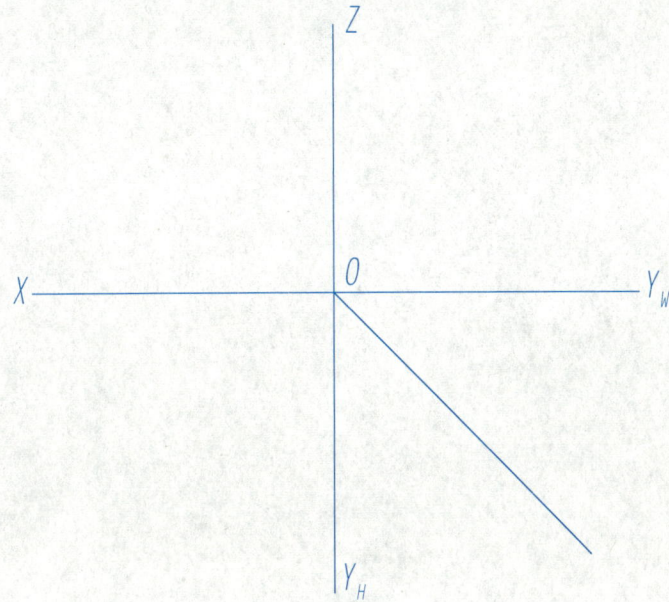

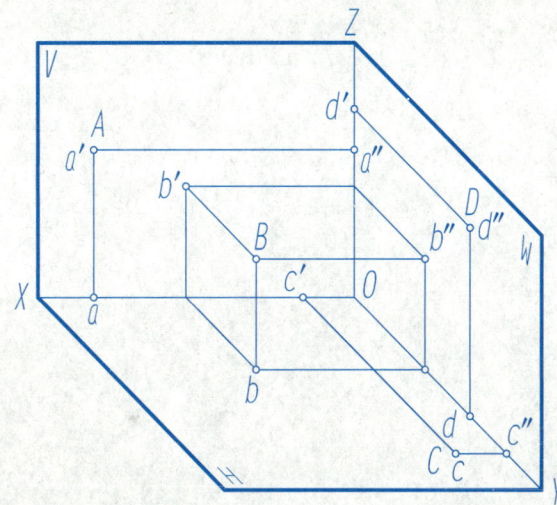

（2）已知点E（10，20，15），点F在V面上，且距H面30，距W面25，点G在Y轴上，距原点30，完成各点的三面投影。

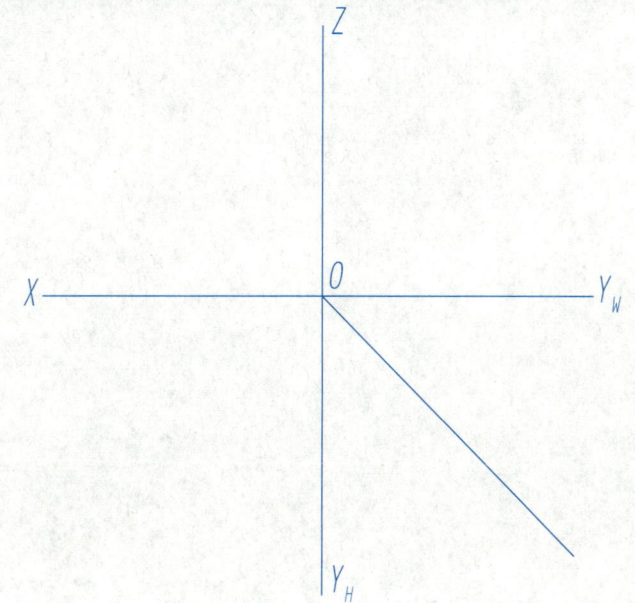

（3）已知各点的两面投影，求第三投影，并在表格内填写出点的位置（如空间点、哪个投影面上的点、哪条投影轴上的点等）。

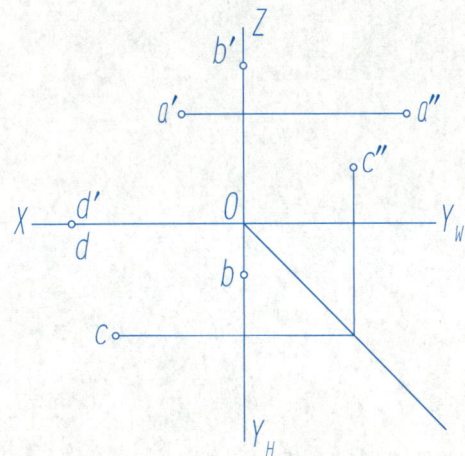

点	空间位置	点	空间位置
A		C	
B		D	

（4）根据点的两面投影作第三投影，并比较各点的相对位置。

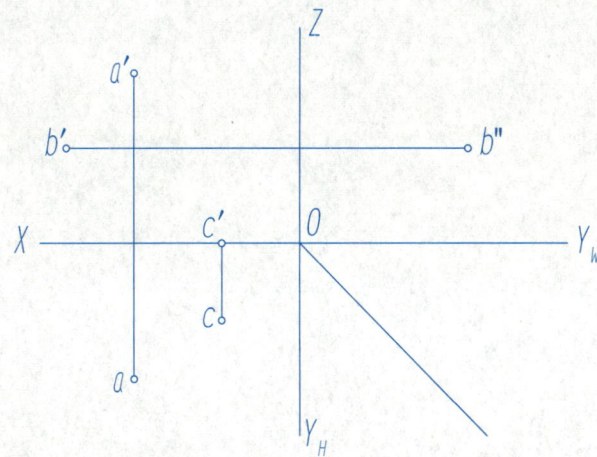

点B、C和点A比较	B	C
在A点的上下		
在A点的前后		
在A点的左右		

（5）已知点B在点A下方10，前方15，点C在点B正右方10，点D在点A的正上方15，完成各点三面投影并判别重影点的可见性。

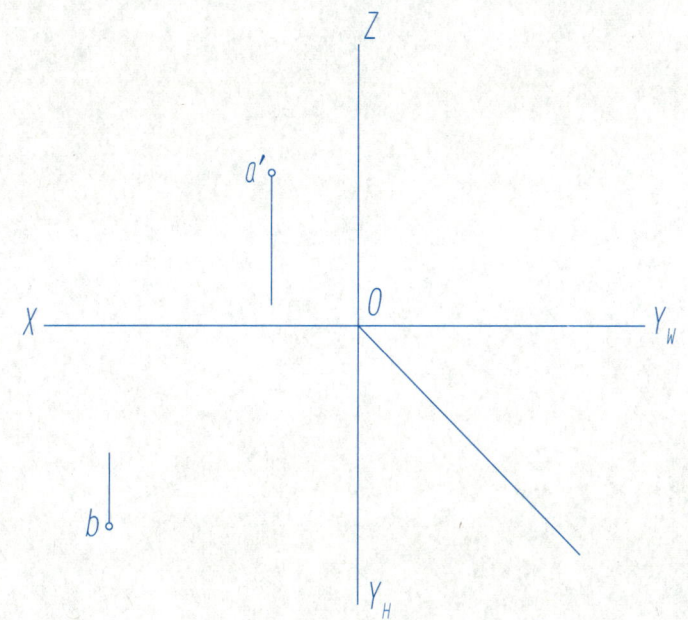

12

2-6 根据直线的两面投影补画第三投影，并判断直线与投影面的相对位置。　　班 级　　　姓 名　　　学 号

（1）

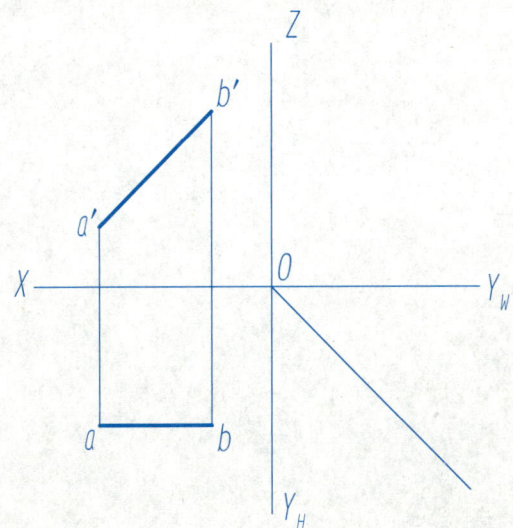

_____线

（2）

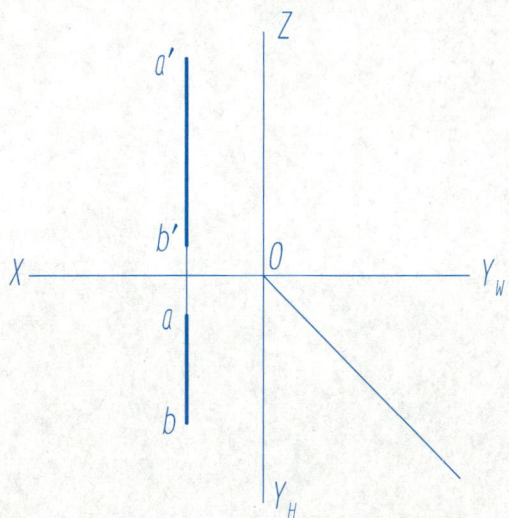

_____线

（3）

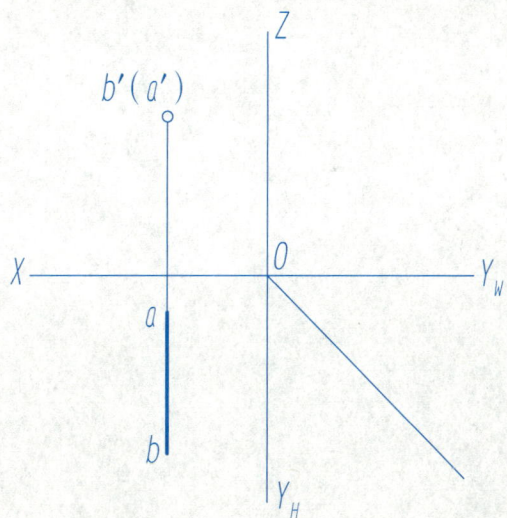

_____线

（4）

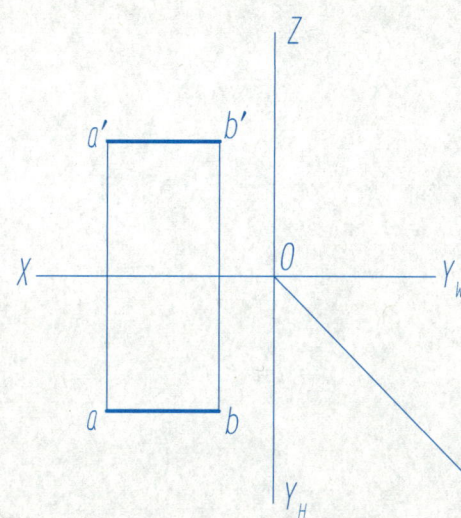

_____线

（5）

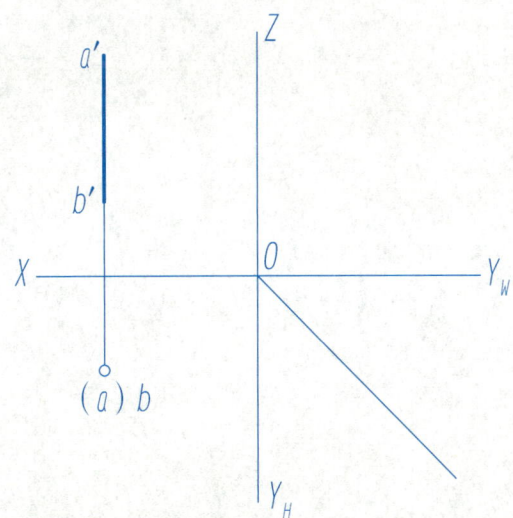

_____线

（6）

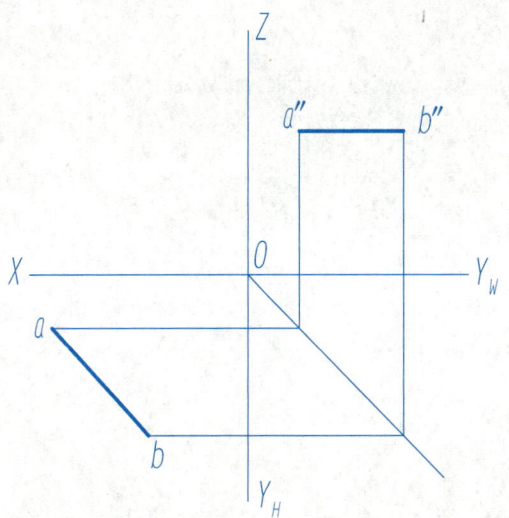

_____线

（7）

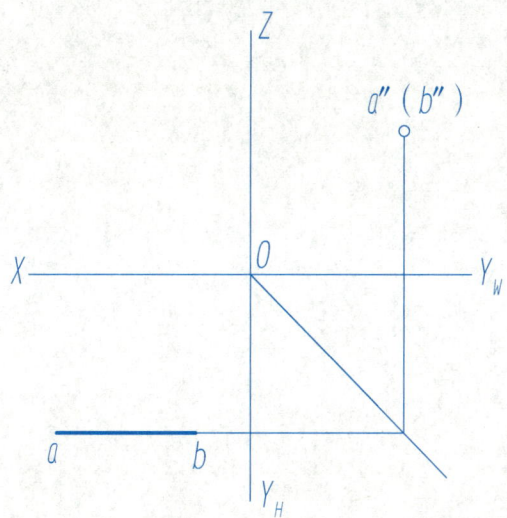

_____线

（8）

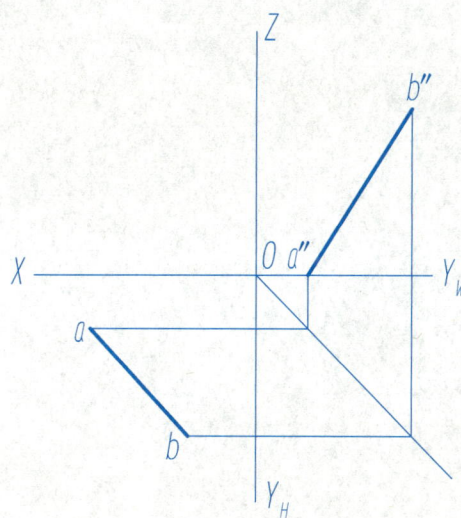

_____线

2-7 根据所给条件作直线的投影。　　　　　　　　　　　　　　　　　　　　班级　　　　　　姓名　　　　　　学号

（1）已知直线AB的端点B在V面上，画出直线AB的水平投影和侧面投影。

（2）作水平线AB，实长为25，对V面倾角β=30°，已知端点B在端点A的右前方。

（3）已知正平线AB的正面投影a'b'和水平线AC的水平投影ac，完成直线AB、AC的三面投影并标出线段实长。

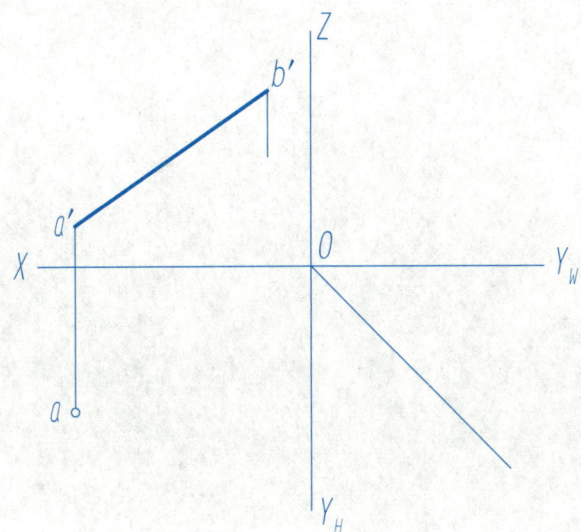

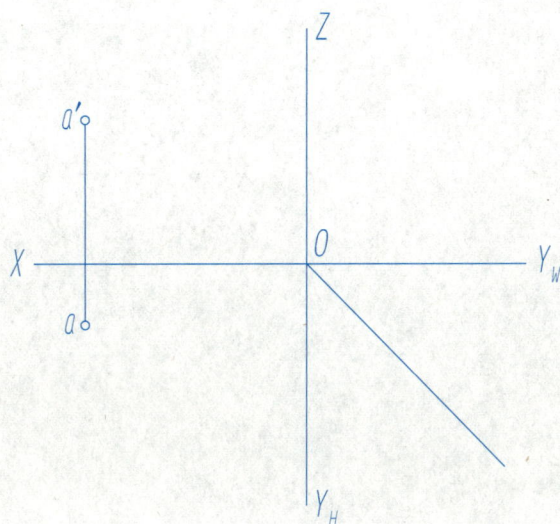

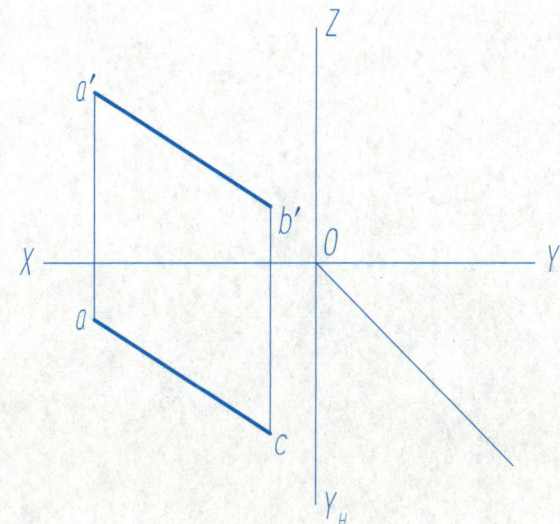

2-8 直线上的点。

（1）判断点、直线的从属关系，在括号内填写"在"或"不在"。

（2）已知点K在直线AB上，完成直线的正面投影和侧面投影，并画出点K的水平投影和侧面投影。

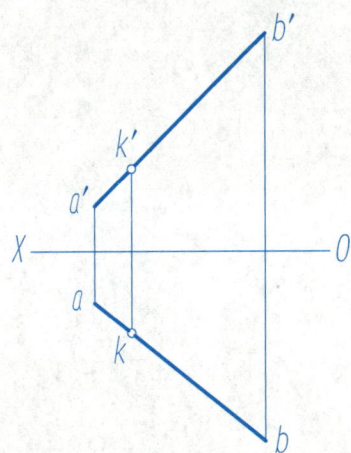

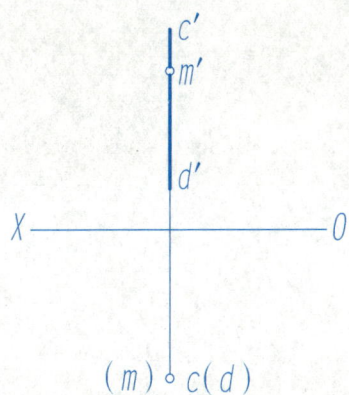

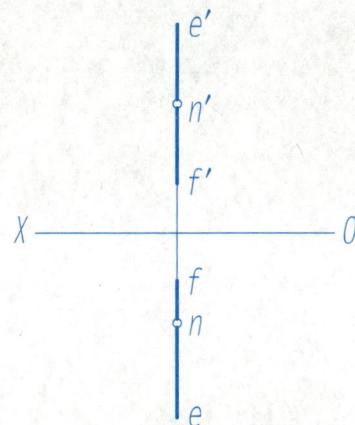

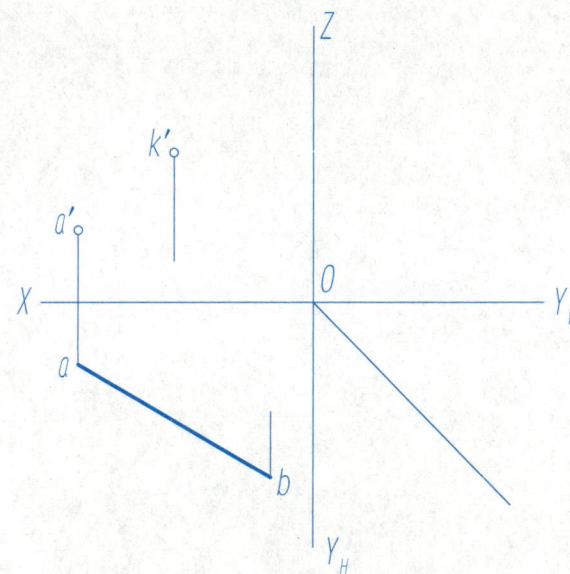

点K（　　）直线AB上。　　　　　点M（　　）直线CD上。　　　　　点N（　　）直线EF上。

14

2-8 两直线的相对位置。

（1）判断两直线的相对位置，并将结果（平行、相交或交叉）填写在括号内。

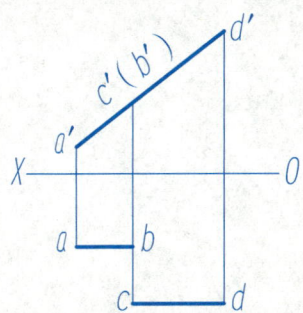 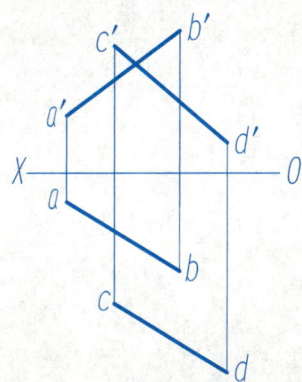 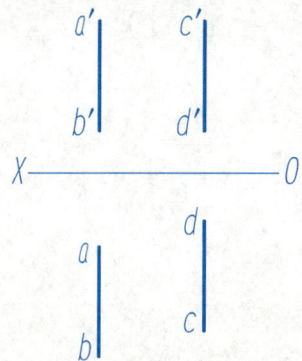 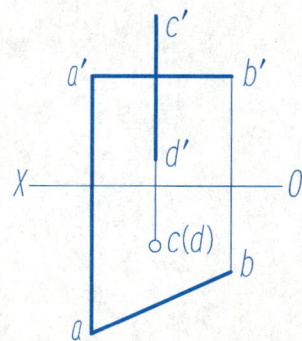

（　　）　　（　　）　　（　　）　　（　　）

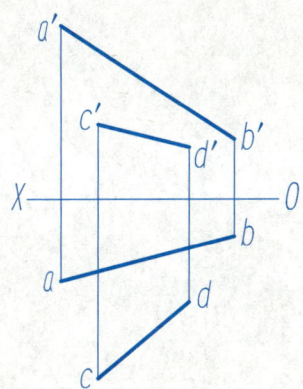 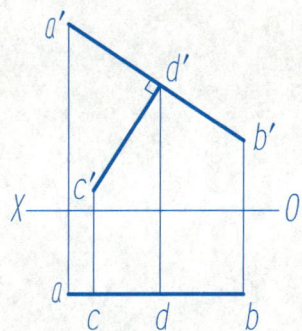 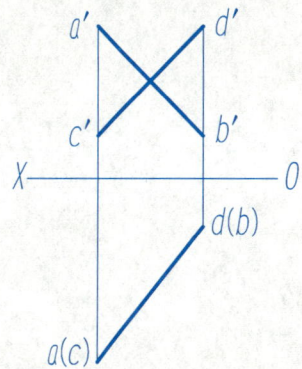 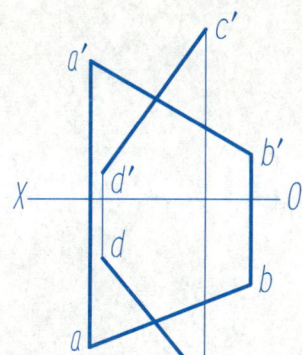

（　　）　　（　　）　　（　　）　　（　　）

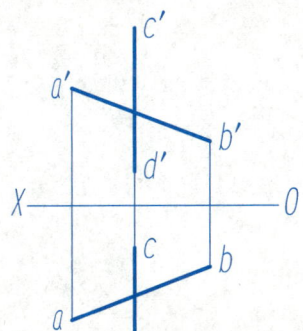 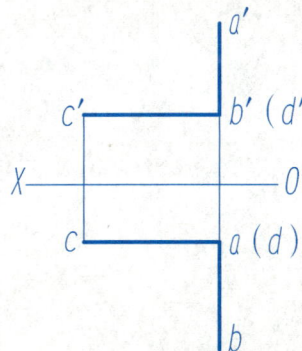 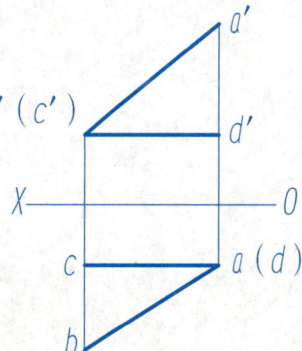 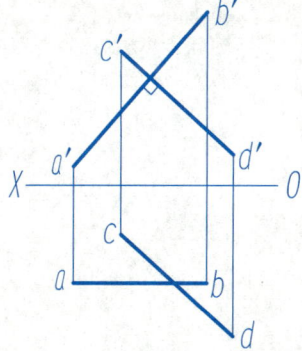

（　　）　　（　　）　　（　　）　　（　　）

（2）作直线MN与AB平行，与CD相交。

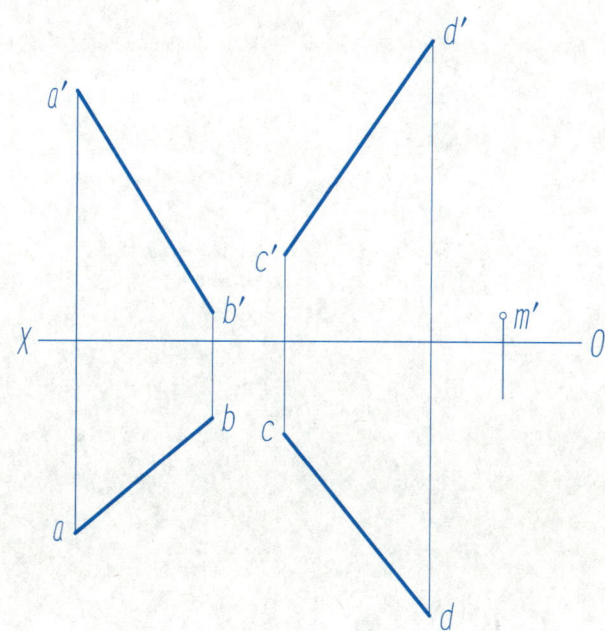

（3）作一水平线MN与直线AB、CD、EF都相交，求该直线MN的两面投影。端点M在AB上，端点N在EF上。

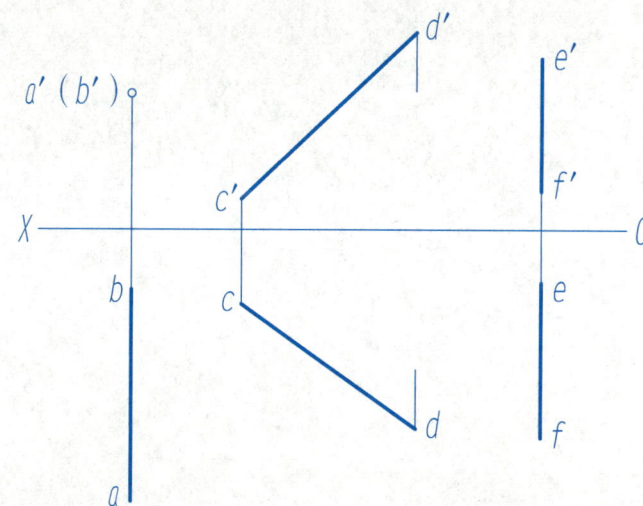

15

2-9 平面的投影。

（1）根据给出平面的两面投影，判别平面对投影面的相对位置。

（2）已知平面为正垂面，点A为平面形上的点，α=60°，完成平面的正面投影和侧面投影。

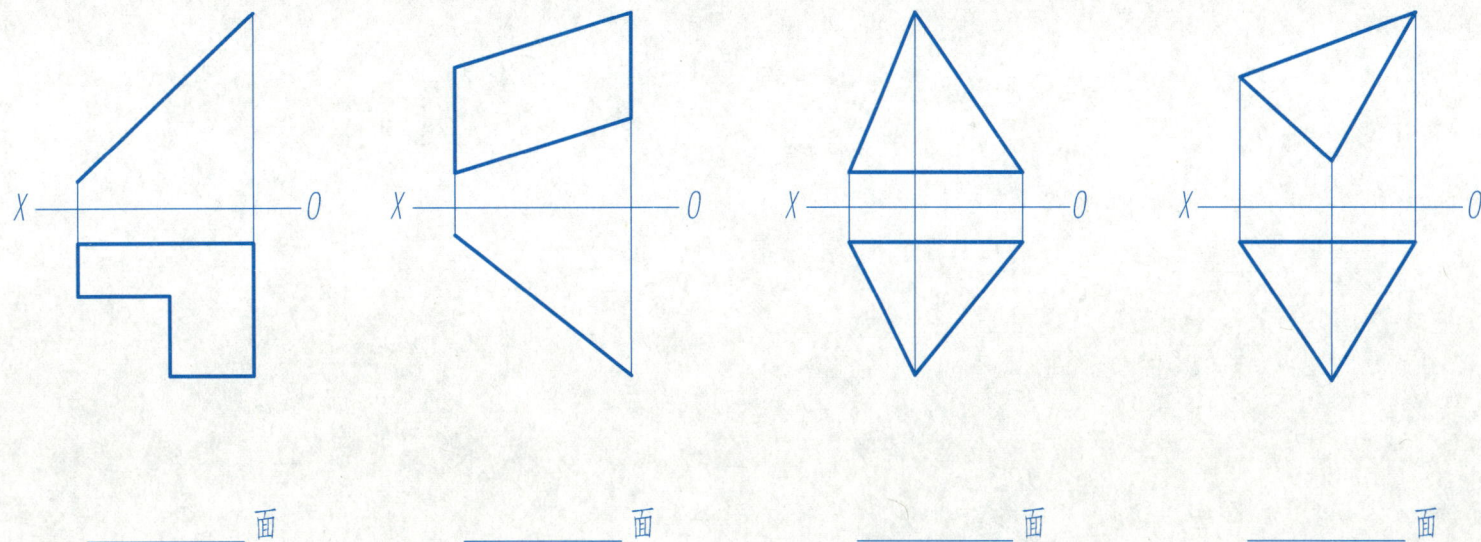

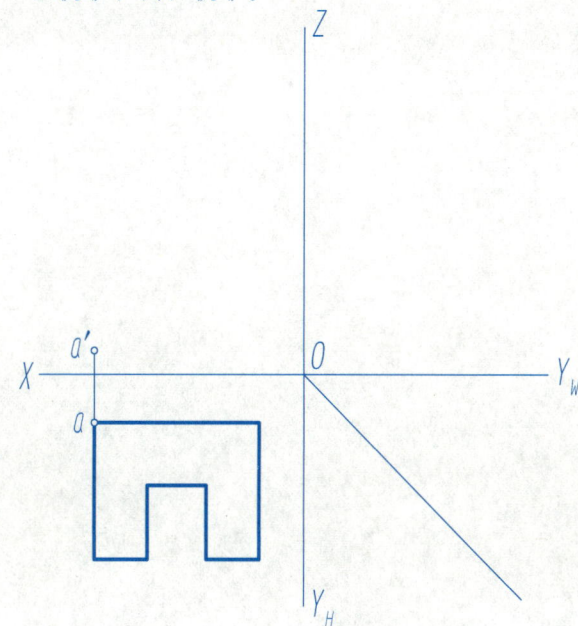

_____面　　　_____面　　　_____面　　　_____面

（3）判别点M、点N是否属于平面△ABC。

点M_____平面△ABC　点N_____平面△ABC

（4）点K属于相交两直线决定的平面，求其水平投影。

（5）完成平面五边形的正面投影（已知AD为水平线）。

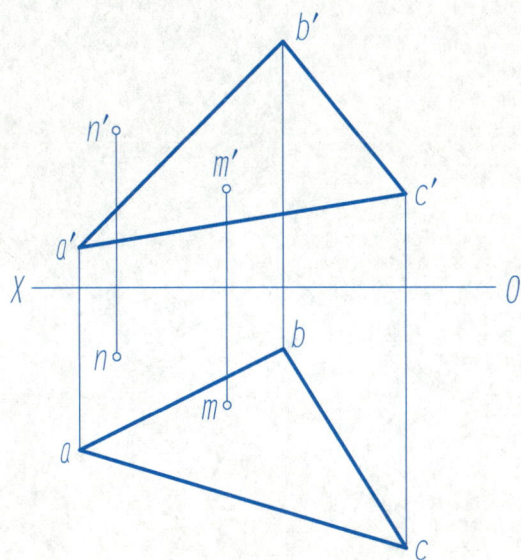

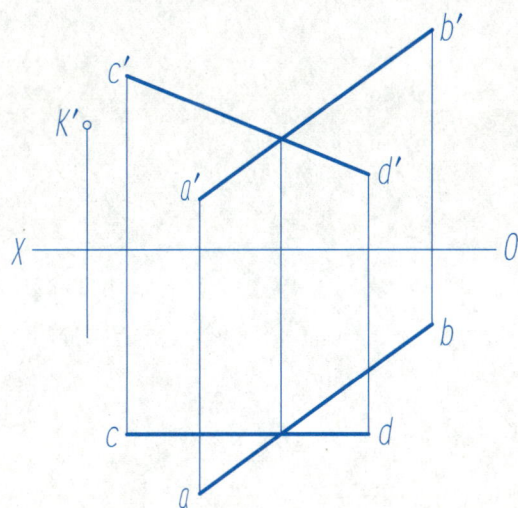

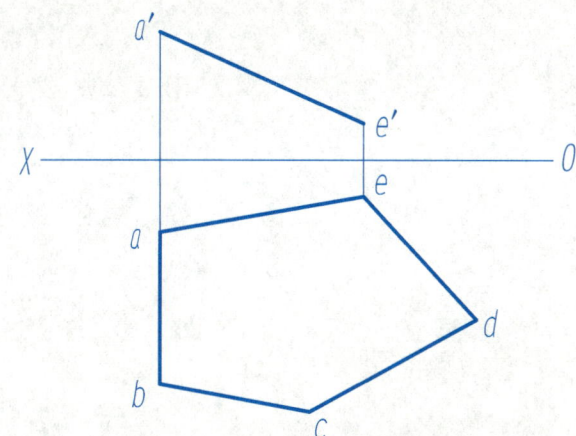

3-1 基本体及表面交线投影的填空、选择题。　　　　　　　　　班　级　　　　　姓　名　　　　　学　号

一、填空题

1. 按立体表面的性质不同，基本体通常分为_____和_____。

2. 表面是由若干个平面所围成的几何形体，称为_____。

3. 表面包含有曲面的立体称为_____。

4. 平面基本体主要分为_____和_____两种。

5. 平面体上相邻表面的交线称为_____。

6. 常见的回转体有_____、_____、_____等。

7. 圆柱面上任意一条平行于轴线的直线，称为圆柱面的_____。

8. 在圆锥面上通过锥顶的任一直线称为圆锥面的_____。

9. 立体被平面截切所产生的表面交线称为_____。截交线围成的平面图形
称为_____。

10. 截交线的性质：_____、_____。

11. 平面体的截交线为封闭的_____，其形状取决于截平面所截到的棱
边个数和截到平面的情况。

12. 回转体的截交线通常为_____或_____。

13. 圆柱被平面截切后产生的截交线形状有_____、_____、_____三种。

14. 圆锥被平面截切后产生的截交线形状有_____、_____、_____、
_____五种。

15. 两立体相交所产生的表面交线称为_____。

16. 相贯线是两个基本体表面的_____，是两相交立体表面的_____，
相贯线上的所有点都是两回转体表面的_____。

17. 相贯线在一般情况下是_____，特殊情况下相贯线是
_____或_____。

18. 影响相贯线形状的因素有_____和_____。

19. 两同轴回转体相交，相贯线是垂直于轴线的_____。

20. 正交两圆柱直径不相等时，可采用简化画法作图，用_____代替相贯线。

二、选择题

1. 侧棱垂直于底面的棱柱为（　）。

A. 正棱柱　　　　　B. 斜棱柱　　　　　C. 直棱柱

2. 已知回转体的两个视图分别为圆形和矩形，则该形体为（　）。

A. 圆柱　　　　　B. 圆锥　　　　　C. 圆球

3. 在立体表面找点时，若点所在表面为特殊位置，则可利用（　）求出点的投影。

A. 辅助线法　　　B. 定比性　　　C. 积聚性

4. 在圆锥面上画直线，一定（　）。

A. 平行轴线　　　B. 通过锥顶　　　C. 垂直轴线

5. 截平面倾斜圆柱的轴线时，其截交线为（　）。

A. 矩形　　　　　B. 圆　　　　　C. 椭圆

6. 如果截平面与圆柱的轴线平行，其截交线为（　）。

A. 圆　　　　　B. 椭圆　　　　　C. 矩形

7. 截平面垂直圆锥的轴线时，其截交线为（　）。

A. 圆　　　　　B. 椭圆　　　　　C. 双曲线

8. 截平面平行圆锥的轴线时，其截交线为（　）。

A. 抛物线　　　B. 椭圆　　　　　C. 双曲线

9. 两立体相交，立体表面所得的交线是（　）。

A. 截交线　　　B. 相贯线　　　C. 分界线

10. 正交两圆柱直径相等时，其相贯线的形状为（　）。

A. 空间曲线　　　B. 平面曲线　　　C. 直线

3-2 平面立体及平面切割体的投影。　　　　　　　　　　　　　班　级　　　　姓　名　　　　学　号

1.补画平面体的第三投影。

（1）　　　　　　　　（2）　　　　　　　　（3）　　　　　　　　（4）

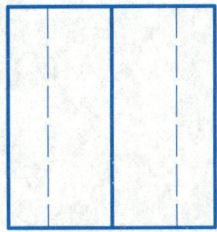
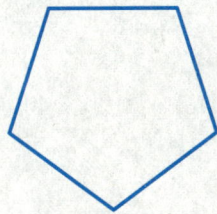
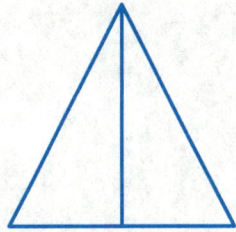
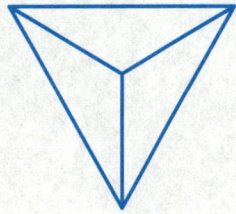

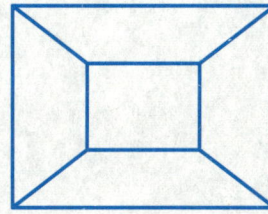
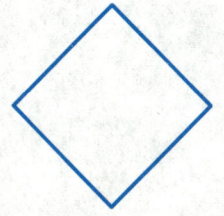
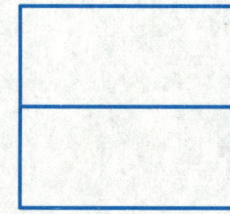

2.完成平面切割体投影。

（1）　　　　　　　　（2）　　　　　　　　（3）　　　　　　　　（4）

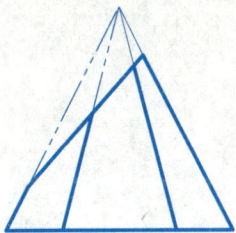
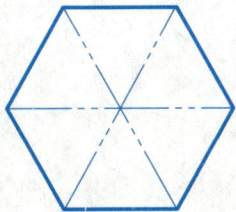
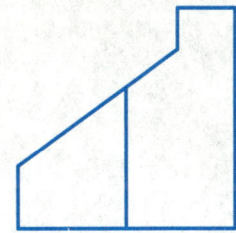
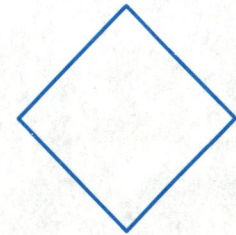

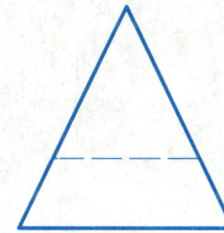
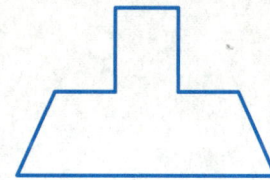
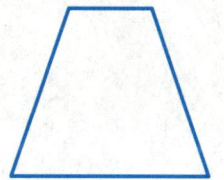

3-3 回转体及切割体的投影。　　　　　　　　　　　　　　班级　　　　　姓名　　　　　学号

1.补画回转体的第三投影。

　　　(1)　　　　　　　　　　　　(2)　　　　　　　　　　　　(3)　　　　　　　　　　　　(4)

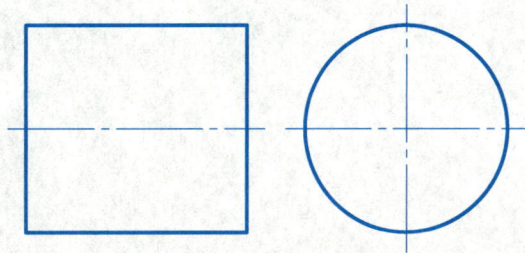 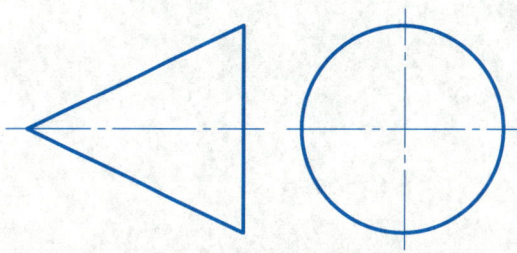 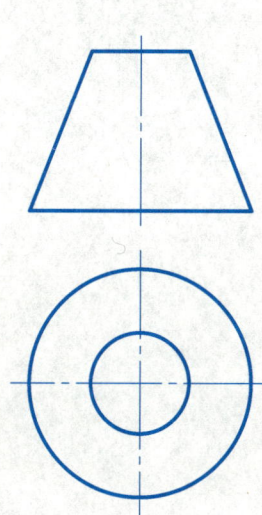 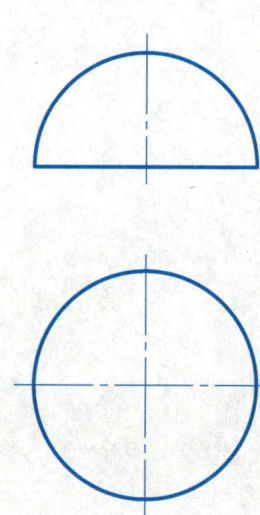

2.完成切割体投影。

　　　(1)　　　　　　　　　　　　(2)　　　　　　　　　　　　(3)　　　　　　　　　　　　(4)

 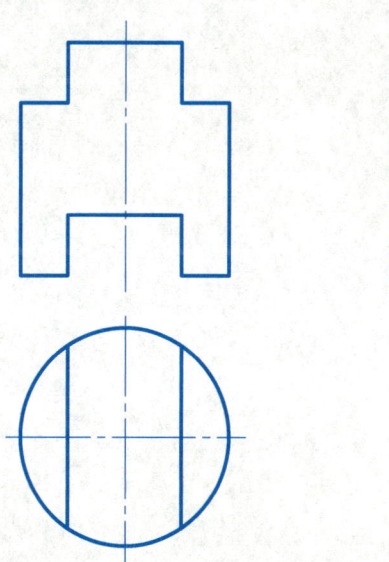 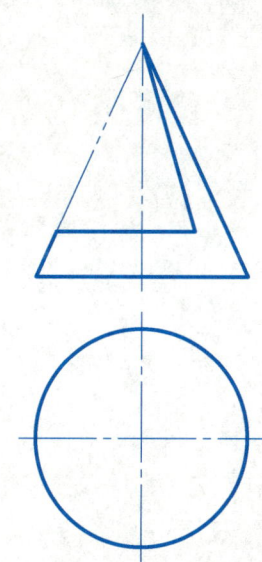 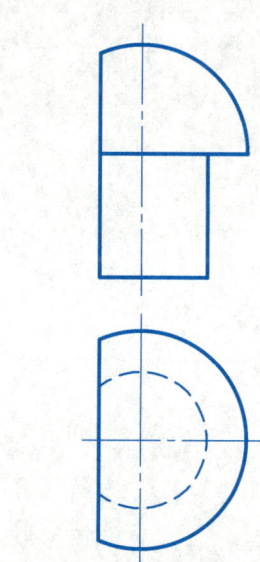

3-4 相贯体投影。

（1）

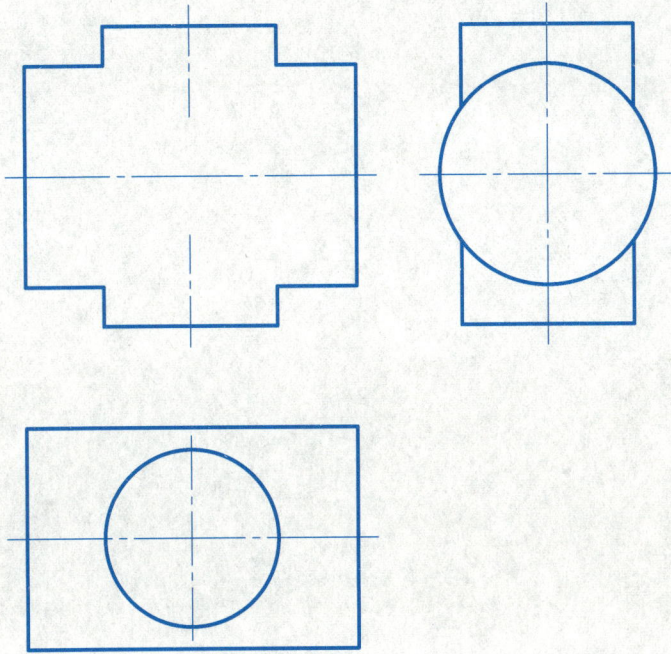

（2）

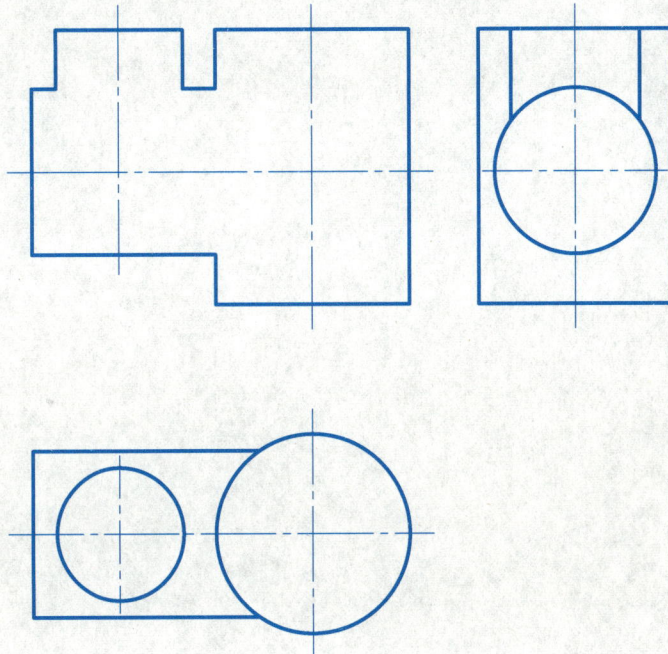

（3）

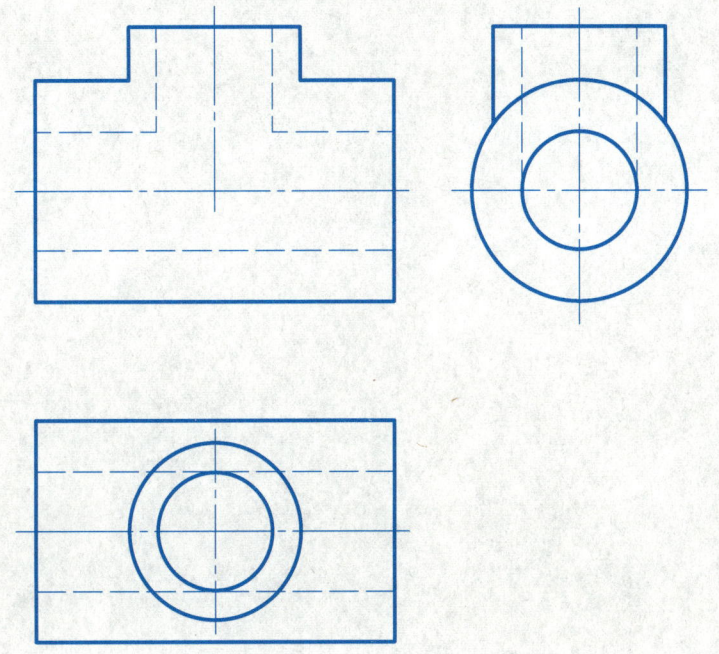

（4）

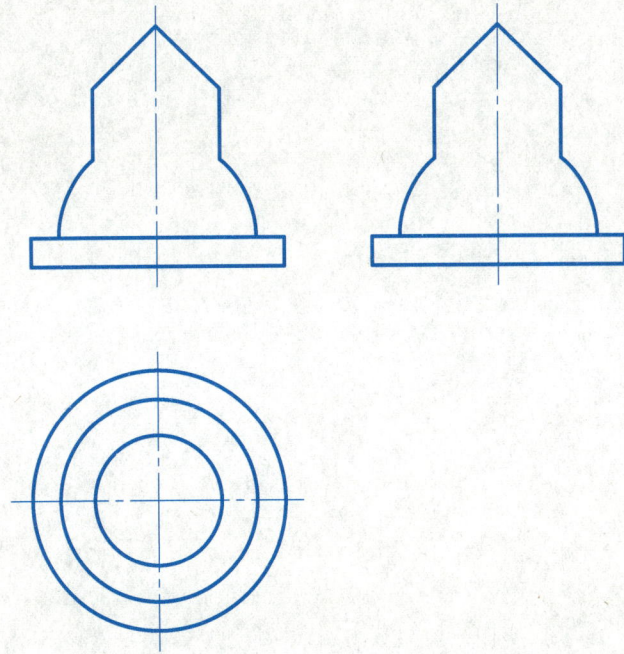

（5）

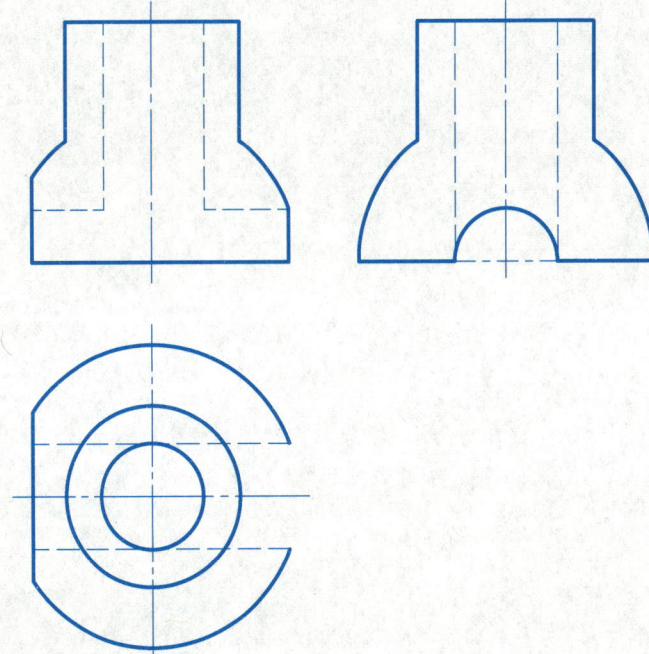

（6）

4-1 轴测图的填空、选择题。　　　　　　　　　　　　　　班 级　　　　姓 名　　　　学 号

一、填空题

1.轴测图是用＿＿＿＿绘制的单面投影图，能同时反映物体 ＿、＿、＿ 三个方向的尺寸。

2.轴测投影根据投影方向与投影面的角度不同，分为＿＿＿＿和＿＿＿＿两大类。

3.物体上互相平行的棱线，在轴测图中仍具有＿＿＿＿的性质。

4.物体中平行于坐标轴的棱线，在轴测图中平行于相应的轴测轴，并具有＿＿＿的伸缩系数。

5.常用的轴测图有＿＿＿＿＿和＿＿＿＿＿。

6.正等轴测图是用＿＿＿法绘制的。

7.正等轴测图的轴间角均为＿＿＿，轴向伸缩系数为＿＿＿。

8.斜二轴测图是用＿＿＿法绘制的。

9.斜二轴测图的轴间角分别为＿＿和＿＿＿，轴向伸缩系数分别为＿＿＿、＿＿＿。

10.绘制正等轴测图常用作图方法有＿＿＿＿、＿＿＿＿、＿＿＿＿等。

11.回转体上平行于坐标面的圆，在正等轴测图中为＿＿＿＿。

12.正等轴测图中，当圆所在的平面平行XOY面（即水平面）时，椭圆的长轴垂直于＿＿＿＿轴，短轴平行于＿＿＿＿轴。

13.正等轴测图中，当圆所在的平面平行XOZ面（即正平面）时，椭圆的长轴垂直于＿＿＿＿轴，短轴平行于＿＿＿＿轴。

14.绘制斜二轴测图时，一般先画出＿＿＿＿的实形，再作出可见的＿＿＿＿及后端面的轴测投影。

15.正面斜二轴测图中，平行于XOZ坐标面的圆，投影为＿＿＿＿。

16.徒手绘制的轴测图称为＿＿＿＿。

二、选择题

1. 物体上互相平行的线段，轴测投影互相（　）。
A. 平行　　　　B. 垂直　　　　C. 无法确定

2. 正等轴测图的轴间角为（　）。
A. 120°　　　　B. 60°　　　　C. 90°

3. 正等轴测图中，为了作图方便，轴向伸缩系数一般取（　）。
A. 2　　　　B. 1　　　　C. 0.5

4. 绘制正等轴测图的X、Y轴时，为了保证轴间角，一般用（　）三角板绘制。
A. 30°　　　　B. 45°　　　　C. 90°

5. 在斜二轴测图中，取一个轴的轴向变形系数为0.5时，另两个轴向变形系数为（　）。
A. 0.5　　　　B. 1　　　　C. 2

6. 绘制组合体正等轴测图时，常采用的方法有（　）。
A. 切割法　　　　B. 叠加法　　　　C. 坐标法、切割法、叠加法

7. 正等轴测图中，当圆所在的平面平行XOZ面（即正面）时，椭圆的长轴垂直于（　）轴。
A. OX　　　　B. OY　　　　C. OZ

8. 绘制正面斜二轴测图时，应首先画出（　）的实形投影。
A. 前面　　　　B. 后面　　　　C. 左面

4-2 根据给出的三视图，绘制正等轴测图。　　　　　　　　　　　　　　　　班 级　　　　　姓 名　　　　　学 号

（1）

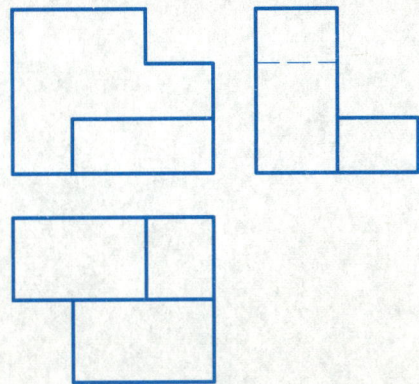

（2）

（3）

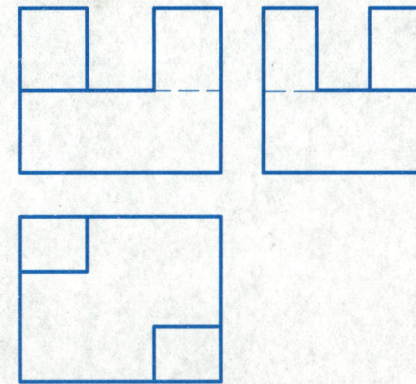

（4）

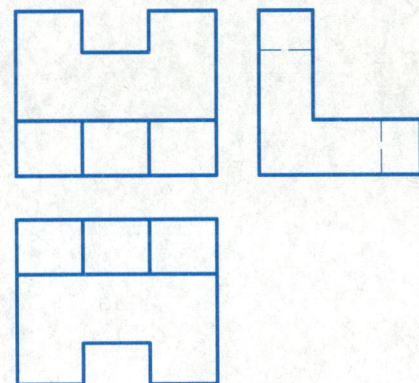

（5）

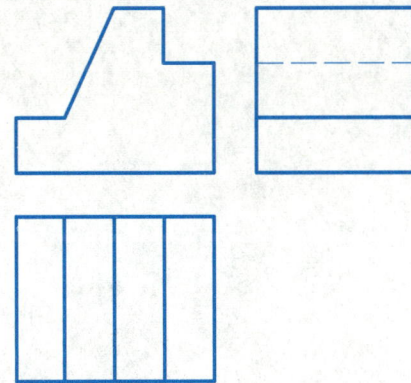

（6）

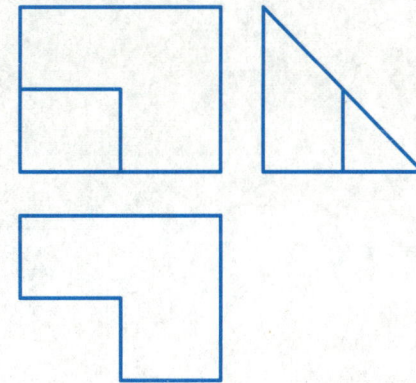

4-3 根据给出的视图，绘制曲面体正等轴测图。　　　　　　　　　　班 级　　　　姓 名　　　　学 号

（1）

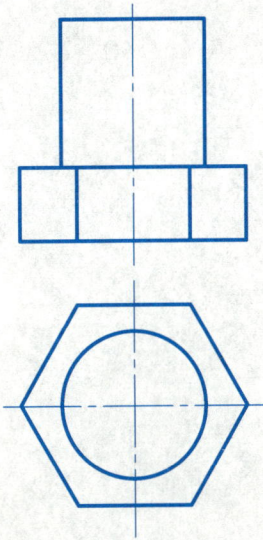

（2）

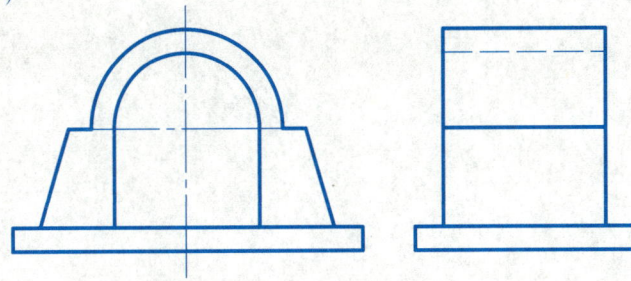

（3）

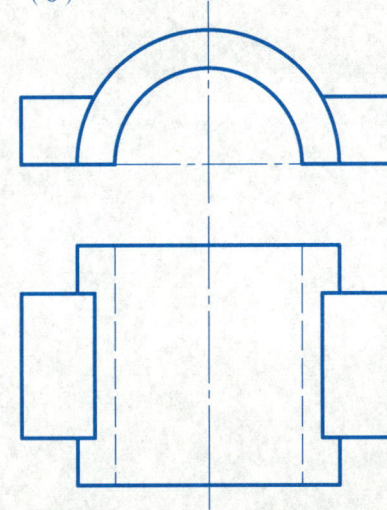

4-4 根据给出的视图，绘制立体斜二轴测图。

（1）

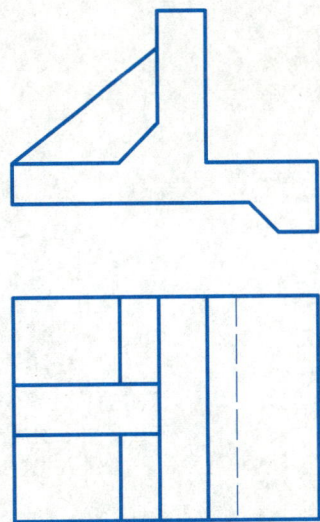

（2）

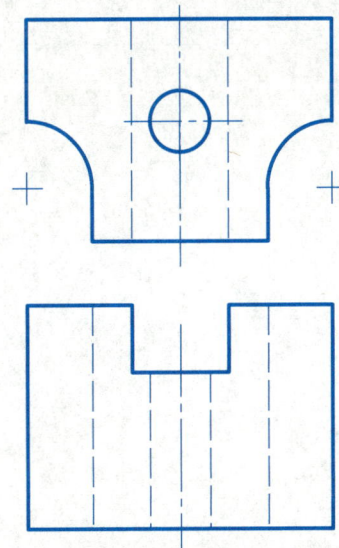

（3）

4-5 徒手绘制立体的正等轴测图。 班级 姓名 学号

(1)

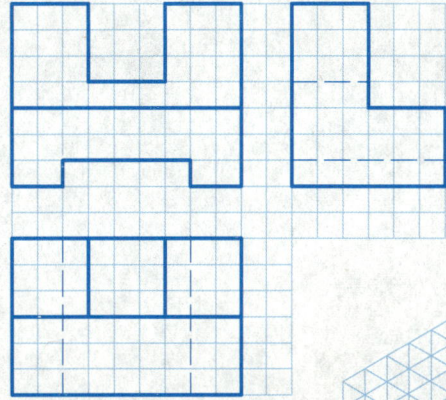

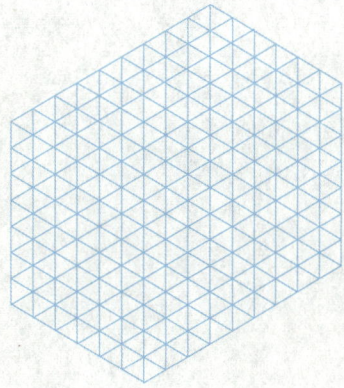

(2)

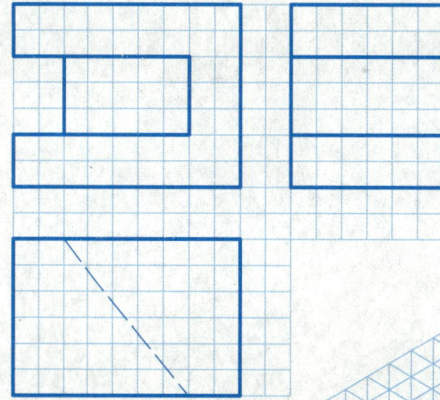

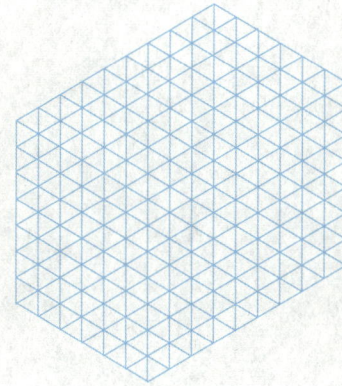

(3)

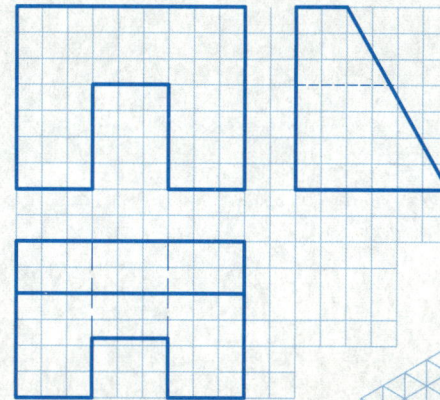

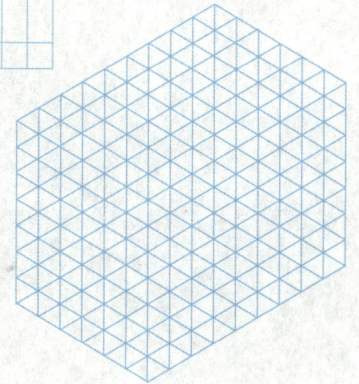

(4)

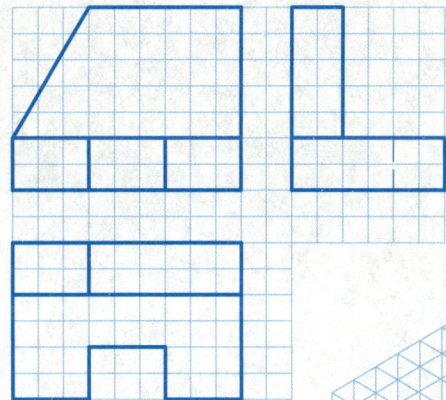

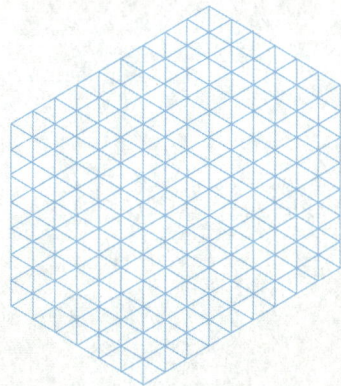

(5)

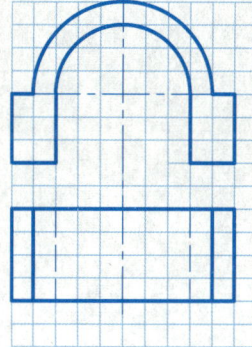

(6)

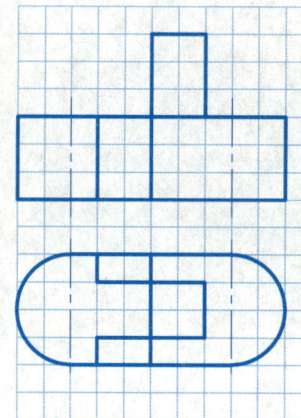

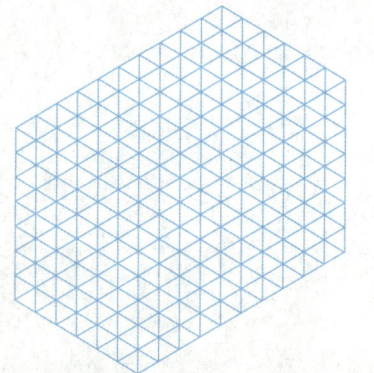

4-6 根据给出的两视图，在A3图幅上绘制物体的正等轴测图，并根据所绘轴测图画出第三视图。　　　　班 级　　　　姓 名　　　　学 号

（1）

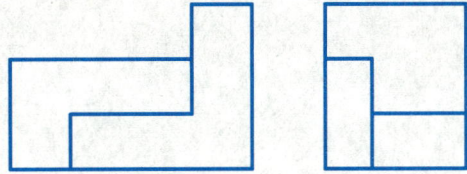

（2）

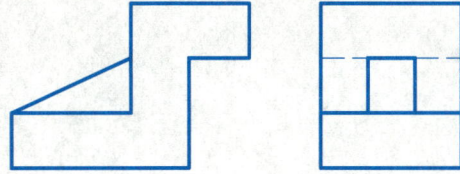

（3）

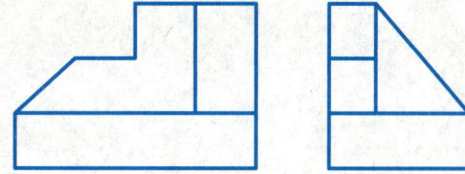

（4）

（5）

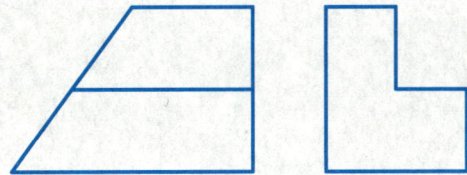

（6）

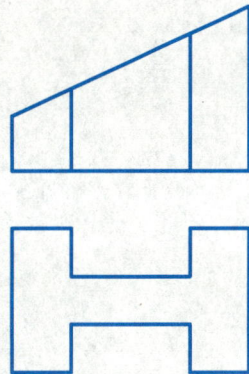

（7）

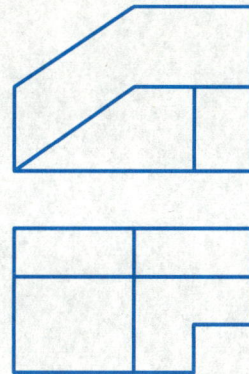

（8）

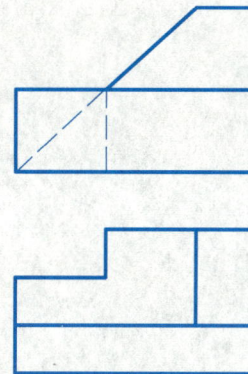

（9）

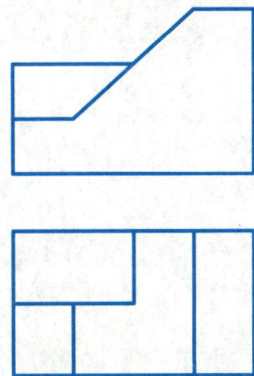

（10）

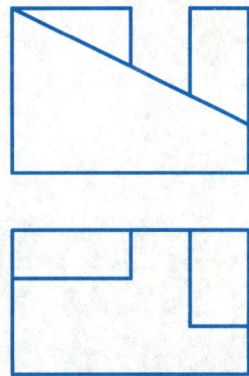

（11）

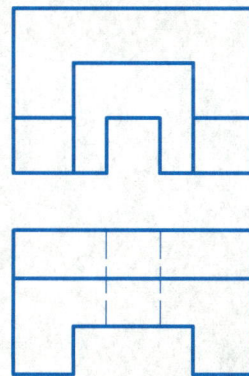

（12）

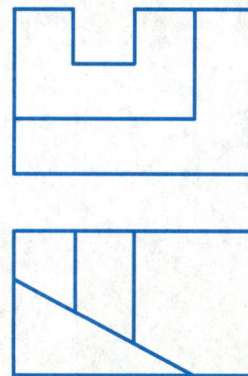

5-1 组合体投影的填空、选择题。　　　　　　　　　　　　　　　　　　　　班 级　　　　　姓 名　　　　　学 号

一、填空题

1.由两个或两个以上的_____形成的物体称为组合体。

2.组合体的组合形式有_____、_____和_____三种。

3.组合体相邻的表面可能形成_____、_____和_____三种关系。

4.叠加型组合体是由若干个简单的基本体_____而成。

5.切割型组合体是将一个完整的基本体_____后形成的。

6.组合体的三视图中，主视图是由____向____投射所得的视图，它反映形体的_____和_____方位。

7.组合体的三视图中，俯视图是由____向____投射所得的视图，它反映形体的_____和_____方位。

8.组合体的三视图中，远离主视图的方向为____方，靠近主视图的方向为____方。

9.识读组合体视图的方法有_____法和_____法。

10.组合体视图中图线的含义：_____。

11.组合体视图中线框的含义：_____。

12.相邻的两个封闭线框，表示物体上_____、_____或_____两个平面。

13.组合体尺寸标注的基本要求是_____。

14.组合体的视图上，一般应标注出_____、_____和_____三种尺寸，标注尺寸的起点称为尺寸的_____。

15.确定组合体各组成部分的形状大小的尺寸是_____尺寸。

16.确定组合体各组成部分之间相对位置的尺寸是_____尺寸。

二、选择题

1.绘制组合体视图时，应先进行（　　）。
A. 形体分析　　　　　B. 线面分析　　　　　C. 尺寸分析

2.根据三视图的位置关系，俯视图应画在（　　）。
A. 主视图的下方　　　B. 主视图的上方　　　C. 主视图的正下方

3.根据三视图间的投影关系，V面投影与H面投影应（　　）。
A. 长对正　　　　　　B.高平齐　　　　　　C.宽相等

4.主视图能反映组合体各组成部分间的（　　）关系。
A. 前后左右　　　　　B. 上下左右　　　　　C.上下前后

5.俯视图能反映组合体各组成部分间的（　　）关系。
A. 前后左右　　　　　B. 上下左右　　　　　C.上下前后

6.组合体中当两个基本体表面平齐时，在视图上（　　）。
A. 应画细实线　　　　B. 应画虚线　　　　　C. 不应画线

7.组合体视图中的任意图线，是形体上（　　）的投影。
A. 一条棱线　　　　　B. 面的积聚　　　　　C. 不确定

8.若形体的两视图均为矩形线框，则该形体为（　　）。
A. 长方体　　　　　　B. 圆柱体　　　　　　C. 不确定

9.确定组合体中各基本形体形状大小的尺寸是（　　）。
A. 定形尺寸　　　　　B. 定位尺寸　　　　　C. 总体尺寸

10.确定组合体中各基本形体之间的相对位置尺寸是（　　）。
A. 定形尺寸　　　　　B. 定位尺寸　　　　　C. 总体尺寸

5-2 根据立体图补画投影图中遗漏的图线。　　　　　　　　　　　　　　　班 级　　　　姓 名　　　　学 号

（1）
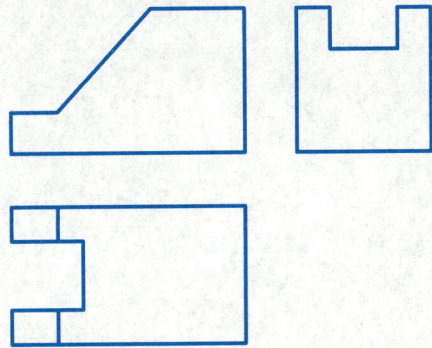
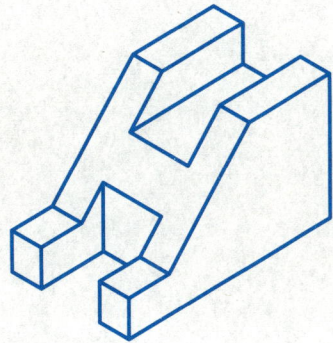

（2）
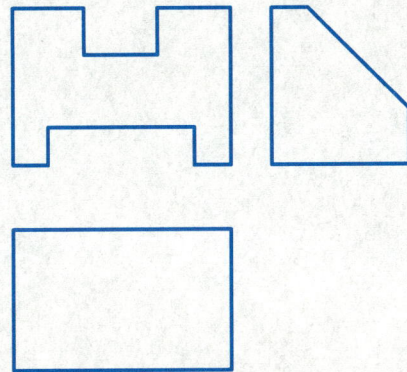
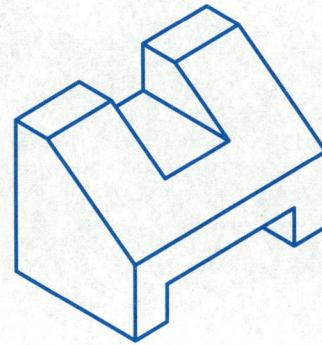

（3）
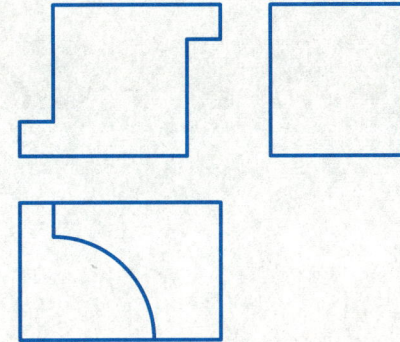
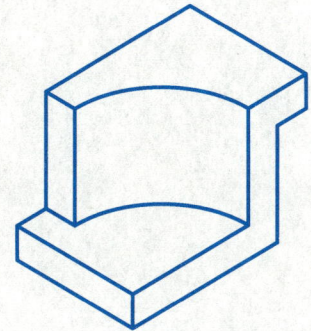

（4）
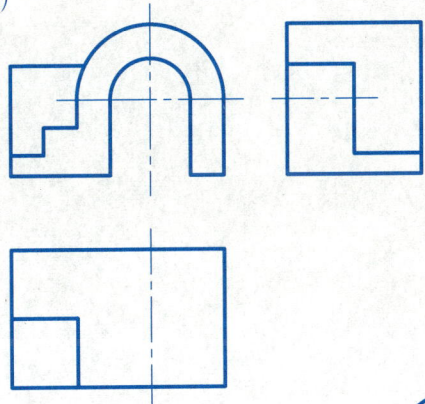
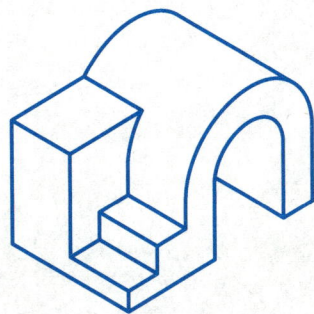

（5）
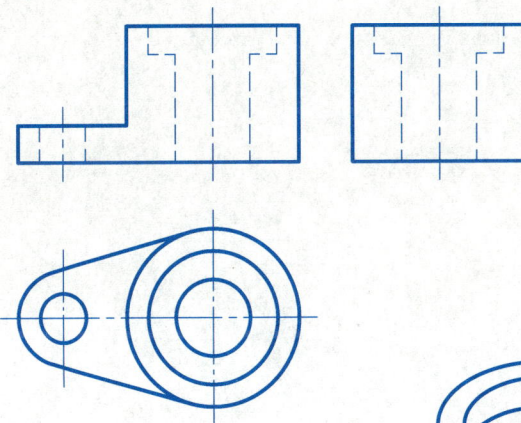
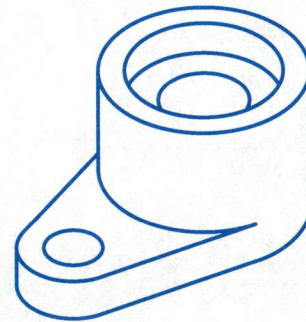

（6）

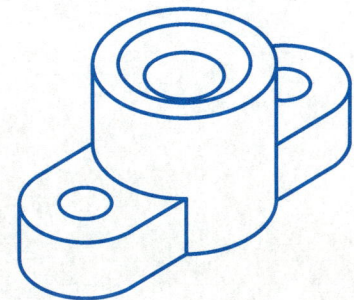

5-3 根据立体图1:1量取尺寸绘制三视图。

（1）

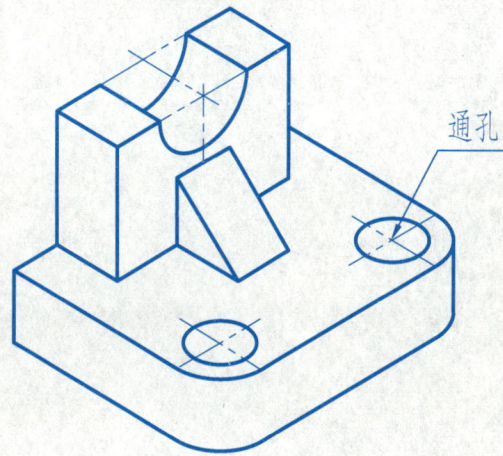

通孔

通槽

（2）

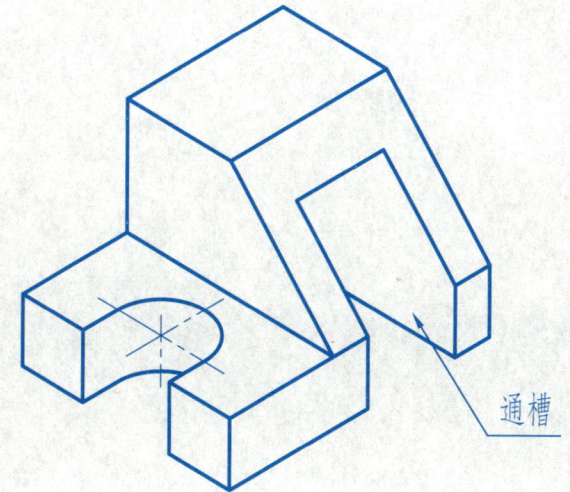

通槽

（3）

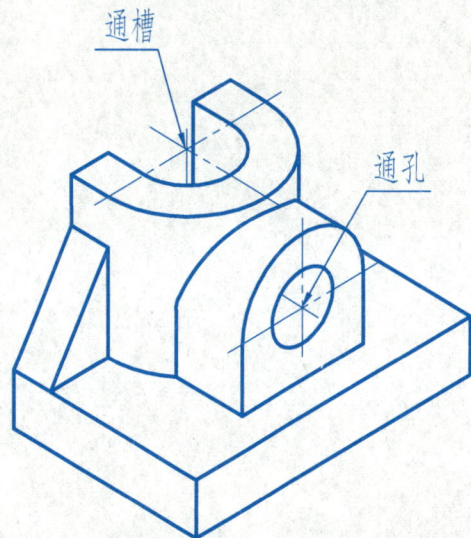

通槽

通孔

（4）

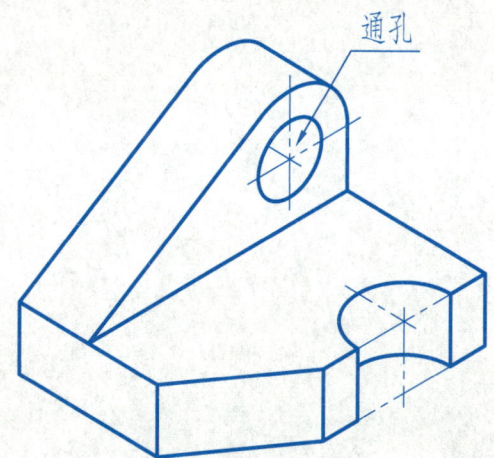

通孔

通孔

5-4 组合体尺寸标注。

（1）根据轴测图在视图中标注尺寸。

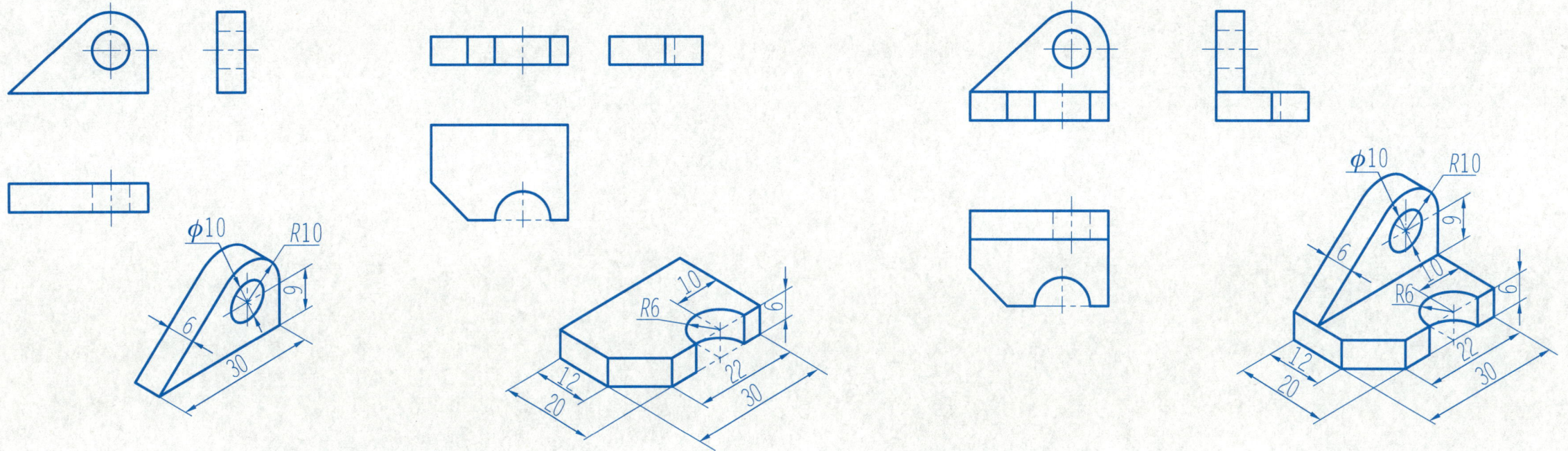

（2）补全三视图中所缺漏的尺寸（尺寸从图中直接量取整数）。

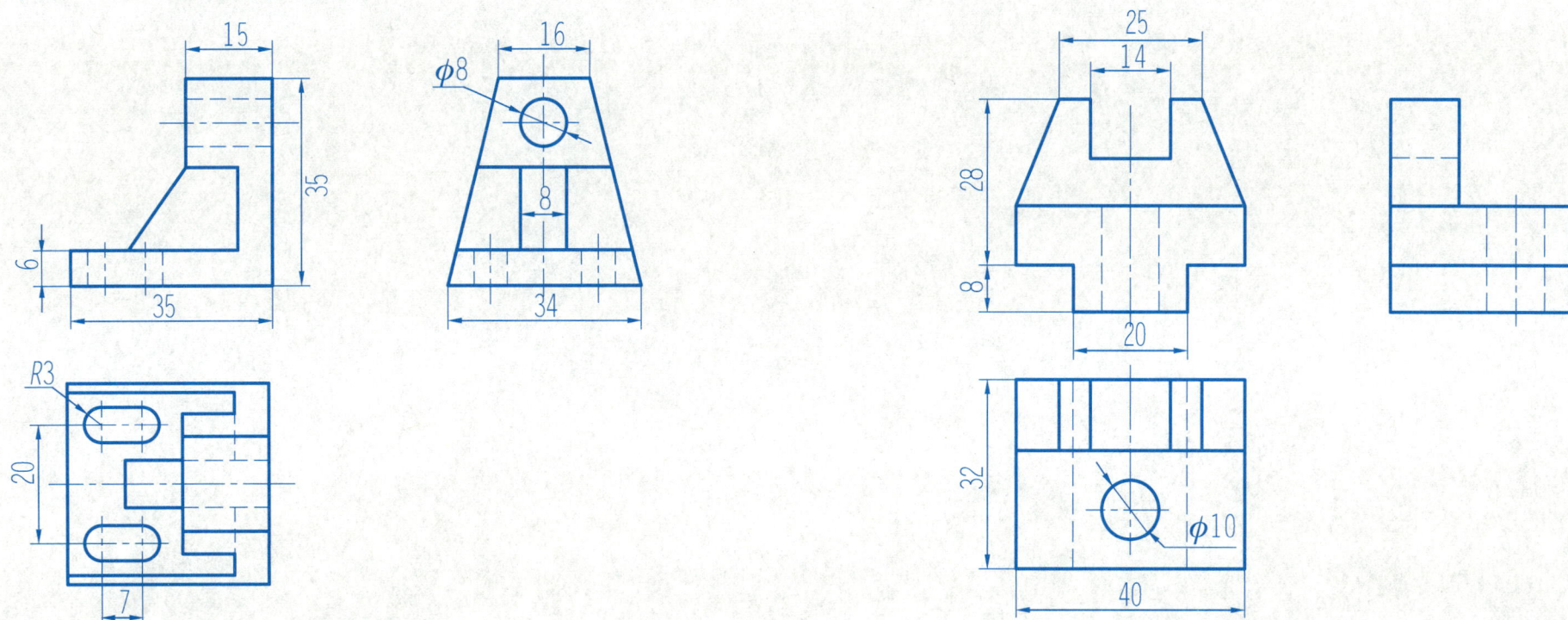

5-5 组合体看图选择题。

(1) 根据物体的主、俯两视图,选择正确的左视图 ( )。

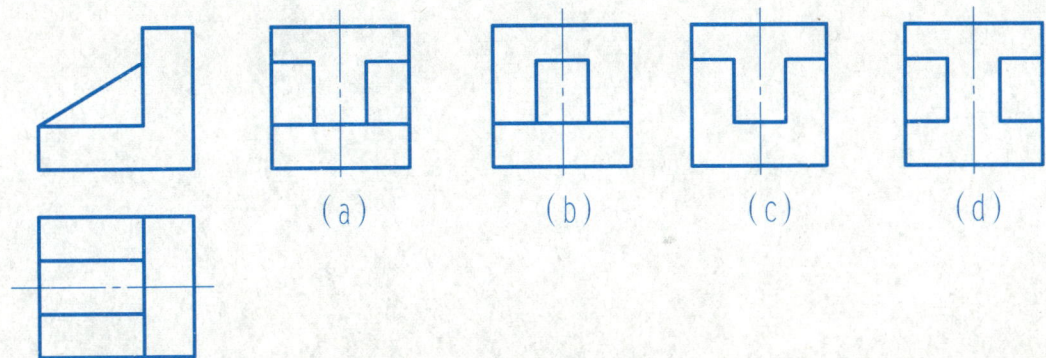

(a)　　　　(b)　　　　(c)　　　　(d)

(2) 根据物体的主、俯两视图,选择正确的左视图 ( )。

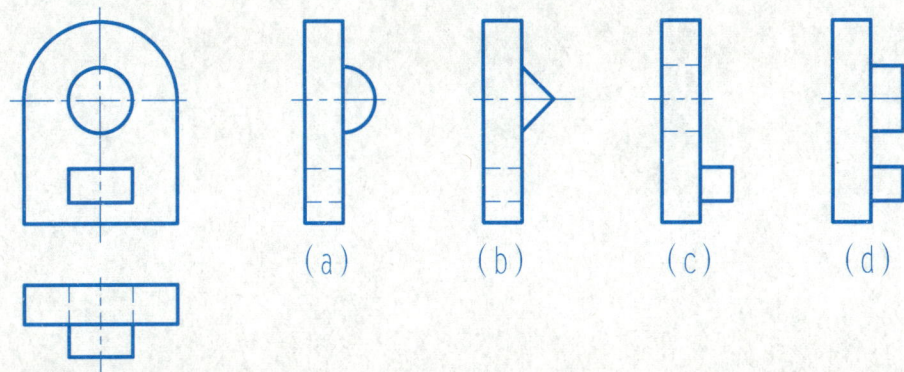

(a)　　　(b)　　　(c)　　　(d)

(3) 根据物体的主、俯两视图,选择正确的左视图 ( )。

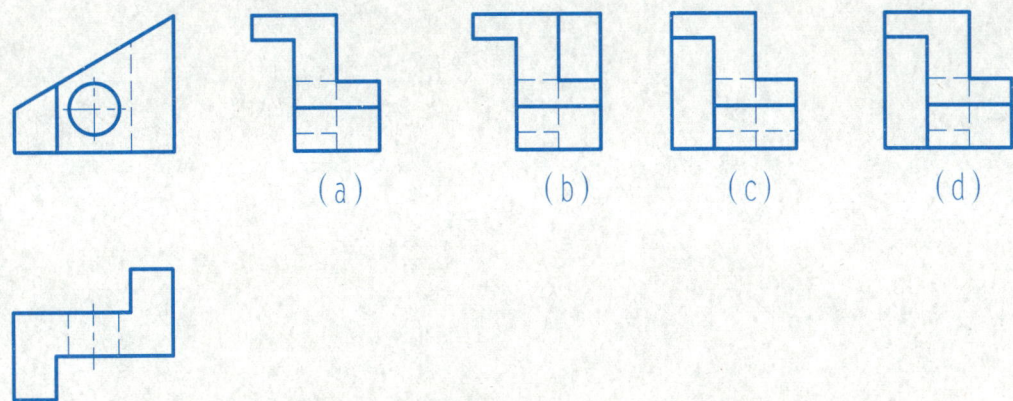

(a)　　　　(b)　　　　(c)　　　　(d)

(4) 根据物体的俯视图,选择其相应的主视图 ( )。

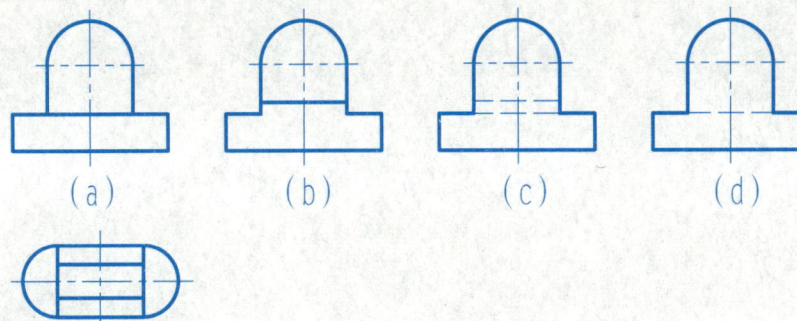

(a)　　　(b)　　　(c)　　　(d)

(5) 根据物体的主、俯两视图,选择正确的左视图 ( )。

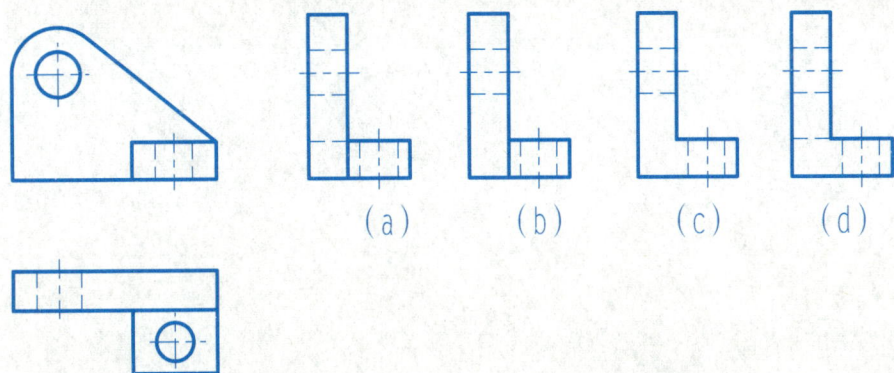

(a)　　　(b)　　　(c)　　　(d)

(6) 根据物体的俯视图,选择其相应的主视图 ( )。

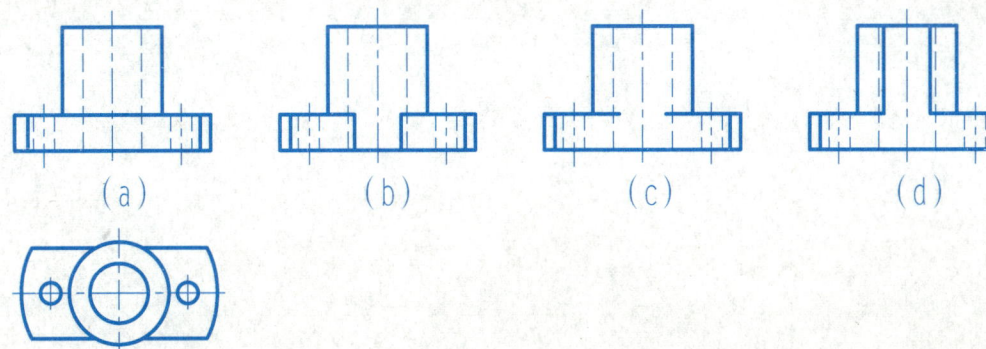

(a)　　　　(b)　　　　(c)　　　　(d)

5-6 根据给出的两视图，补画第三视图。 　　　　　　　　　班 级　　　　　姓 名　　　　　学 号

（1）
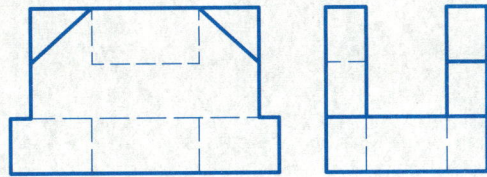

（2）
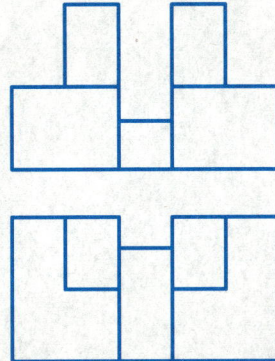

（3）
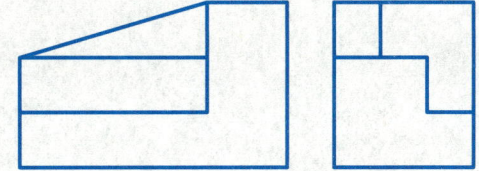

（4）
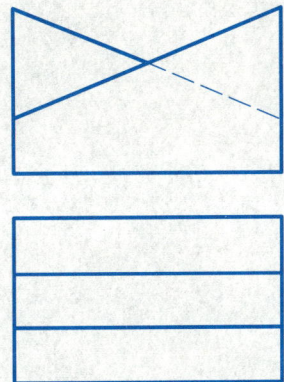

（5）
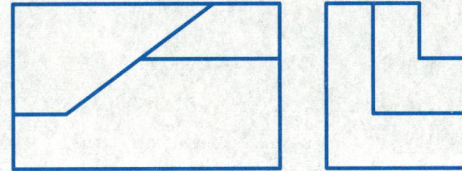

（6）

（7）
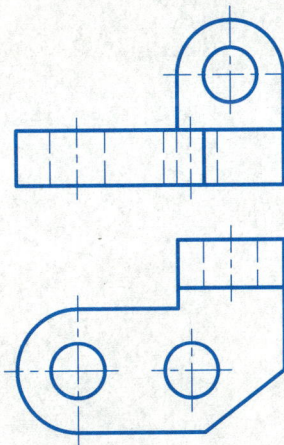

（8）
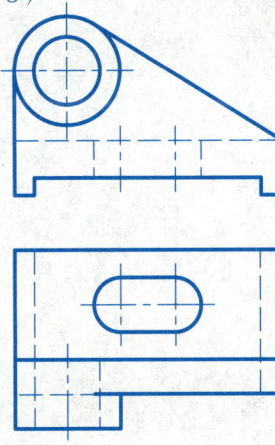

（9）
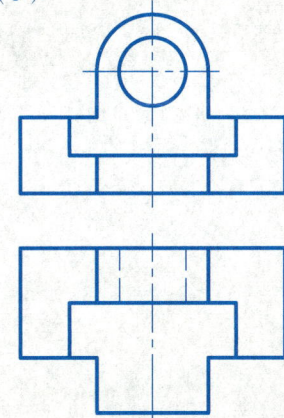

（10）

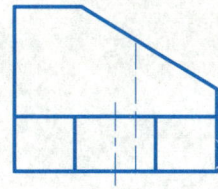

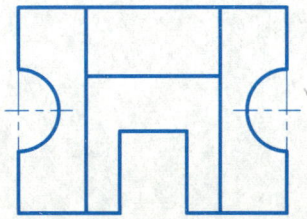

（11）

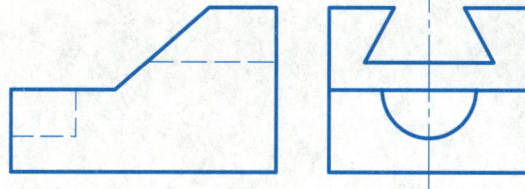

（12）

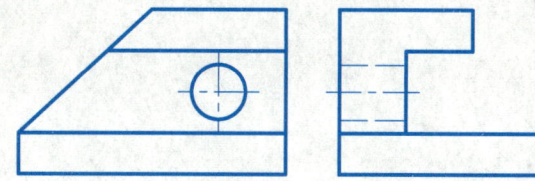

（13）

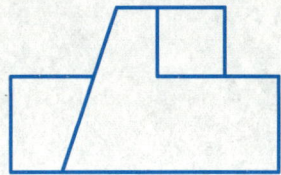

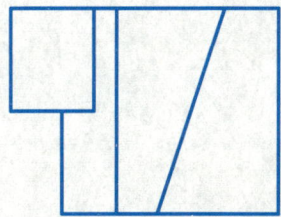

（14）

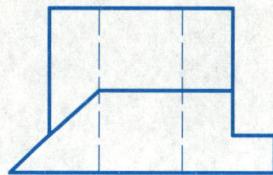

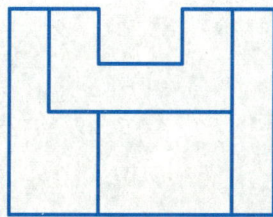

（15）

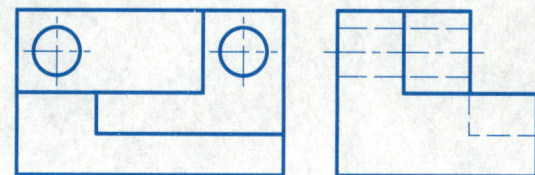

（16）

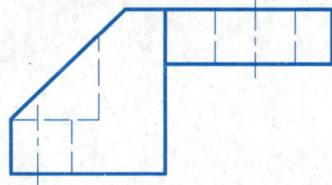

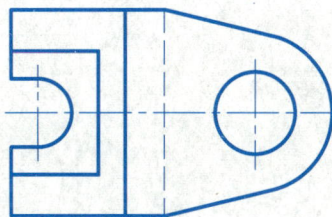

（17）

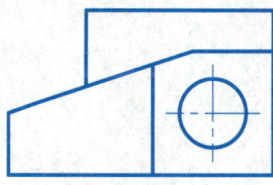

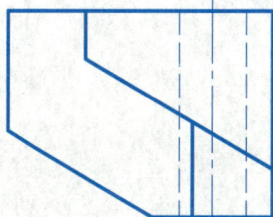

（18）

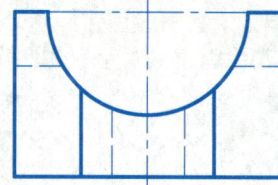

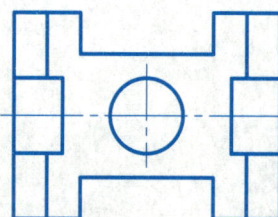

5-7 补画投影图中遗漏的图线。　　　　　　　　　　　　　班 级　　　　姓 名　　　　学 号

(1)
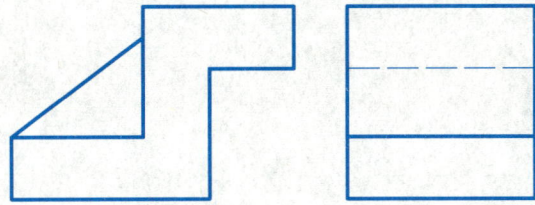
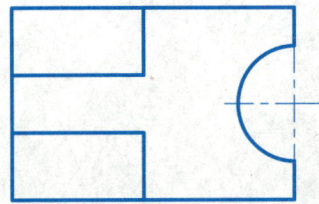

(2)
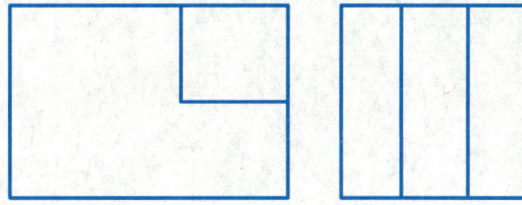
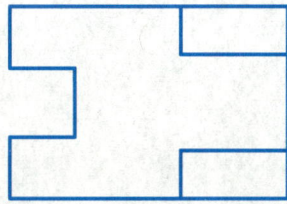

(3)
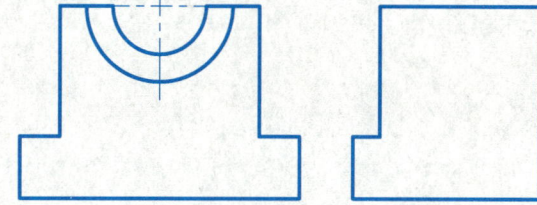
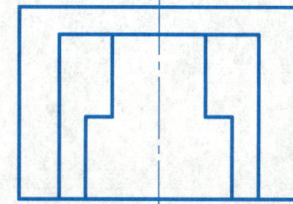

(4)
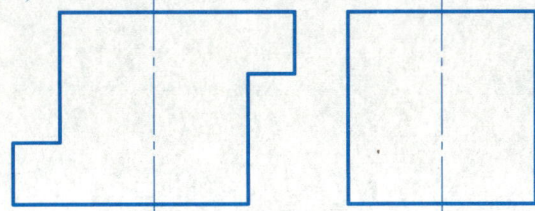
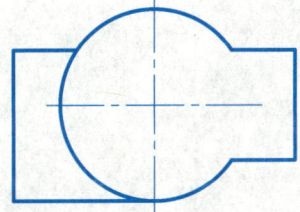

(5)
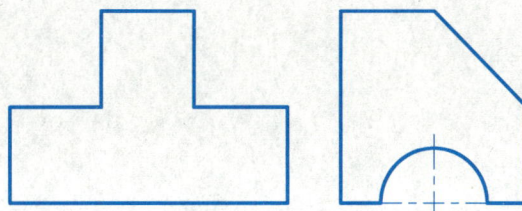

(6)
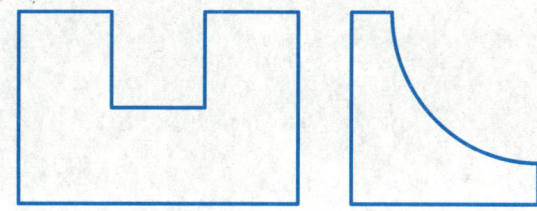
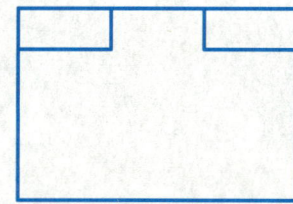

(7)
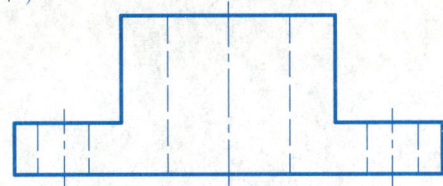
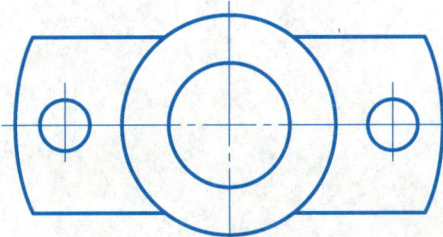

(8)
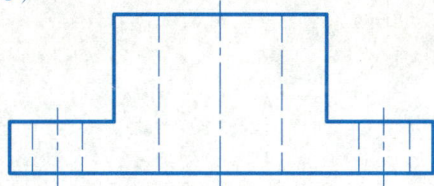
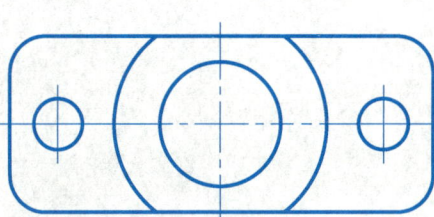

(9)
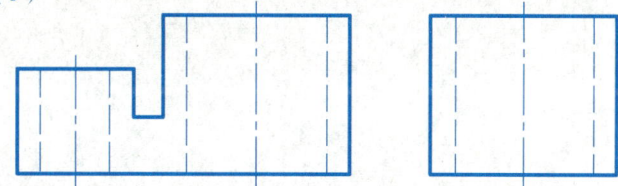
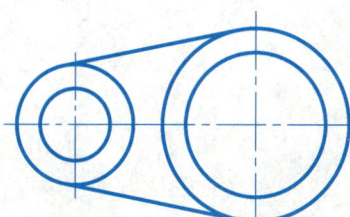

5-8 绘制组合体三视图并标注尺寸。

一、目的、内容与要求

（1）目的、内容：进一步理解与巩固"物"与"图"之间的对应关系，运用形体分析的方法，根据轴测图（或模型）绘制组合体的三视图，并标注尺寸。

（2）要求：完整地表达组合体的内外形状。标注尺寸要完整、清晰，并符合图家标准。

二、图名、图幅、比例

（1）图名：组合体三视图。

（2）图幅：A3图纸。

（3）比例：2∶1。

三、仪器绘图步骤与注意事项

（1）对所绘组合体进行形体分析，确定主视图投影方向，按轴测图所注尺寸（或模型实际大小）布置三个视图位置（注意视图之间预留标注尺寸的位置），画出各视图的对称中心线和底面、顶面、端面位置线。

（2）分别画出组合体各部分的三视图（注意表面相切或相贯时的画法）。

（3）标注尺寸时应注意不要照搬轴测图上的尺寸注法，应重新考虑视图上尺寸的配置。以尺寸完整、注法符合标准、配置适当为原则。

（4）完成底稿，经仔细校核后用铅笔加深。

（5）图面质量与标题栏填写的要求，同第一次制图作业。

（1）

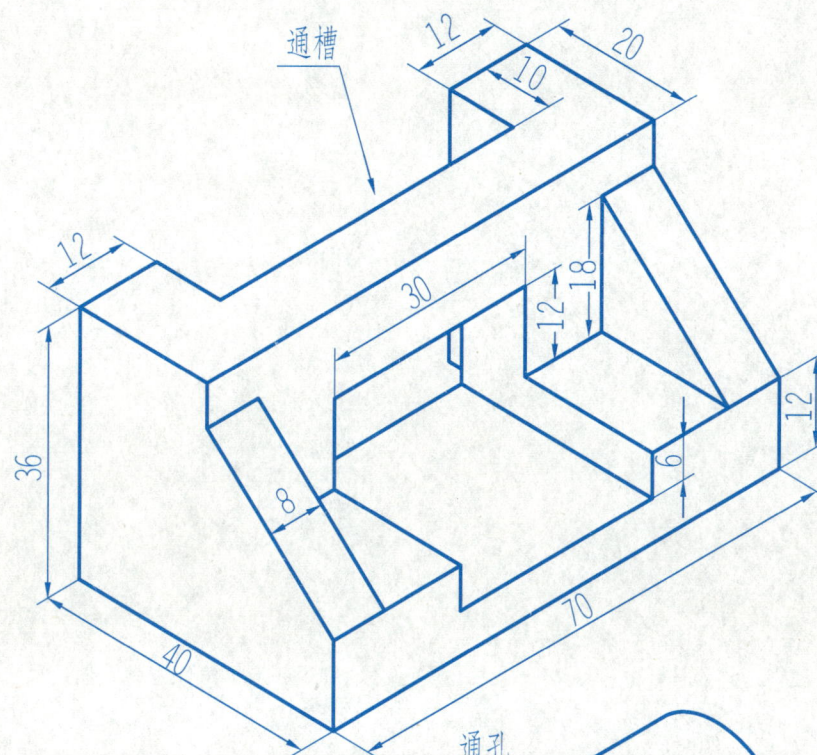

（2）

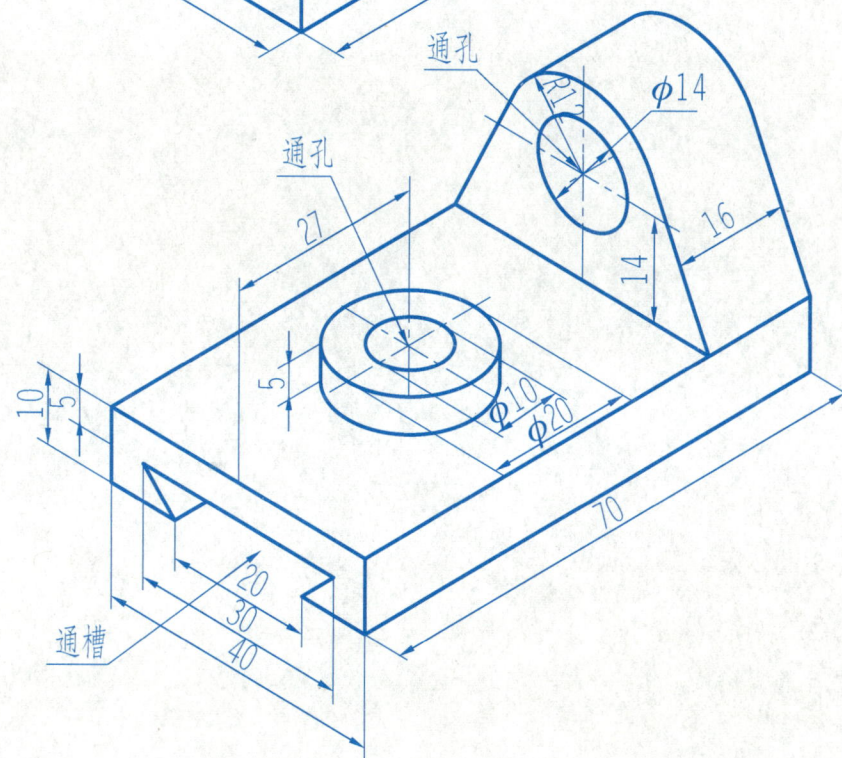

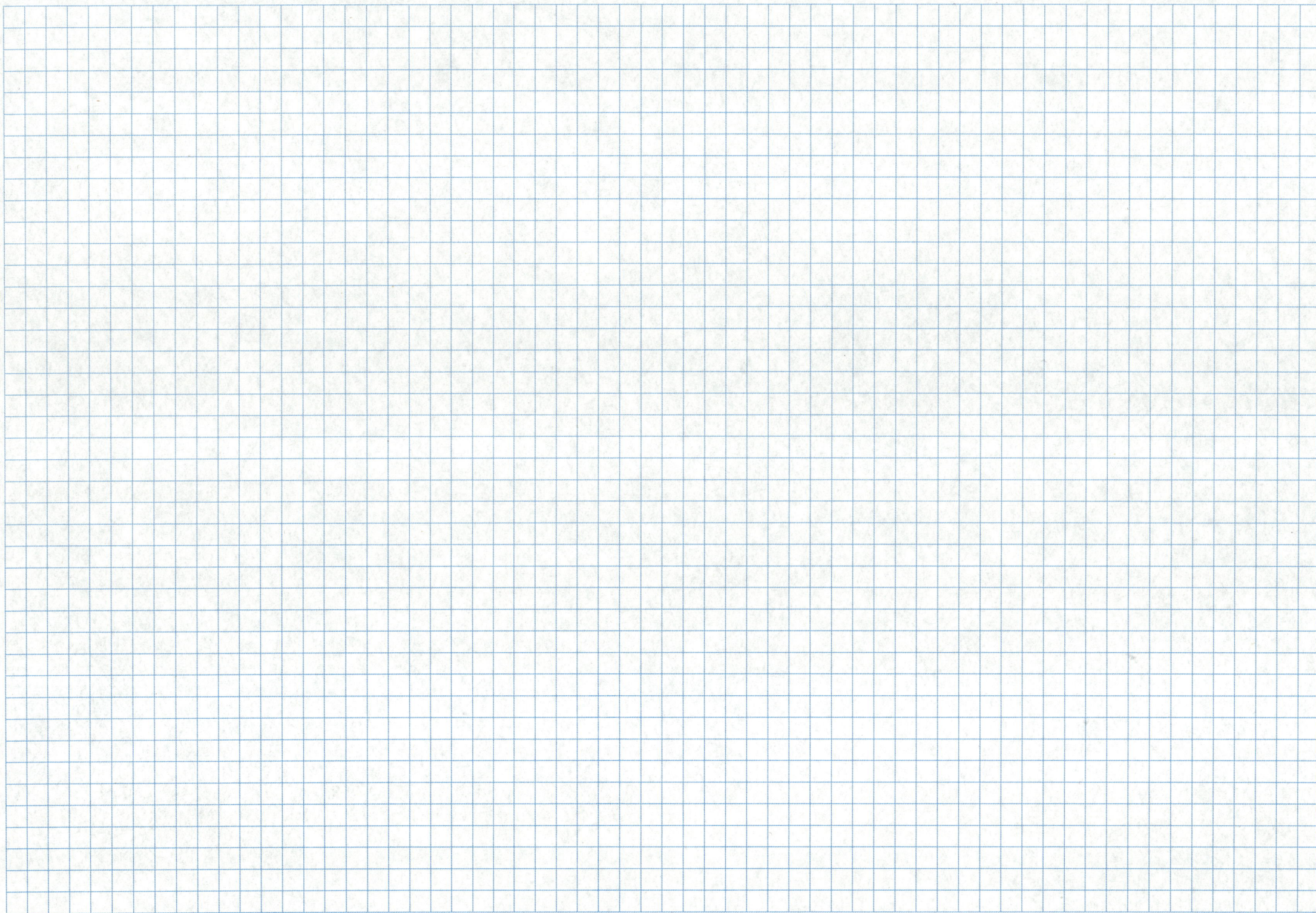

5-9 根据P44~P45给出的组合体轴测图，教师指定其中两个形体，徒手绘制三视图。　　　　　　　　　　　班　级　　　　　　姓　名　　　　　　学　号

6-1 机件的表达方法的填空、选择题。　　　　　　　　　　　　　　班　级　　　　　姓　名　　　　　学　号

一、填空题

1. 将机件向基本投影面投射所得的视图称为_____，此视图一共有_____个。

2. 基本视图的"三等关系"为：_____、_____、_____。

3. 将机件向不平行于任何基本投影面的平面投射所得到的视图称为_____图。

4. 图样中一般采用基本视图表达机件的_____结构形状，而机件的内部结构形状则采用_____来表达。

5. 剖视图就是_____从机件适当位置将机件切开所画的正投影图。

6. 按剖切范围的大小来分，剖视图可分为_____、_____、_____三种。

7. 当机件具有对称平面时，可将其一半画成视图，另一半画成剖视图，这样所得到的图形称为_____。

8. 半剖视图由于机件对称，其内部结构如果在剖开的视图中表达清楚，则在未剖开的半个视图中_____细虚线。

9. 当机件外形比较简单，内部结构比较复杂而且又不对称时，常采用_____图来表达。

10. 剖切面有_____剖切面、_____的剖切面和_____的剖切面。

11. 画阶梯剖视图在剖切平面转折处_____画线。

12. 剖视图的标注包括三部分内容：_____、_____、_____。

13. 省略标注的剖视图，说明剖切平面通过机件的_____，且剖视图_____配置。

14. 剖切平面与机件接触的部分称为_____，机件中一般采用_____图表达机件的断面形状。

15. 断面图可分为_____和_____两种。

16. 移出断面和重合断面的主要区别是：移出断面图画在视图_____，轮廓线用_____绘制；重合断面画在视图_____，轮廓线用_____绘制。

17. 采用_____图表达机件的局部细小结构。

二、选择题

1. 基本视图主要用于表达机件在基本投影方向上的（　）形状。

  A. 内部　　　　　B. 外部　　　　　C. 前后

2. 基本视图中的后视图反映形体的（　）尺寸。

  A. 长和宽　　　　B. 长和高　　　　C. 高和宽

3. 全剖视图所用的剖切平面是（　）的剖切面。

  A. 单一　　　　　B. 一组平行　　　C. 两个相交

4. 画半剖视图时，应以（　）作为视图与剖视图的分界线。

  A. 粗实线　　　　B. 对称中心线　　C. 细实线

5. 视图中内、外形状都需表达，且机件不对称时，宜采用（　）。

  A. 半剖视图　　　B. 局部剖视图　　C. 全剖视图

6. 剖视图中剖面线，一般应画成与主要轮廓线呈（　）的平行细实线。

  A. 45°　　　　　B. 30°　　　　　C. 任意角度

7. 阶梯剖视图的剖切面是用（　）的剖切面。

  A. 单一　　　　　B. 一组平行　　　C. 两个相交

8. 将形体的某一部分剖开，所得的剖视图是（　）。

  A. 半剖视图　　　B. 局部剖视图　　C. 断面图

9. 画在视图之外的断面图称为（　）。

  A. 移出断面　　　B. 重合断面　　　C. 中断断面

10. 移出断面的轮廓线用（　）绘制。

  A. 细实线　　　　B. 中实线　　　　C. 粗实线

6-2 视图。

（1）正确标注出各个视图名称。

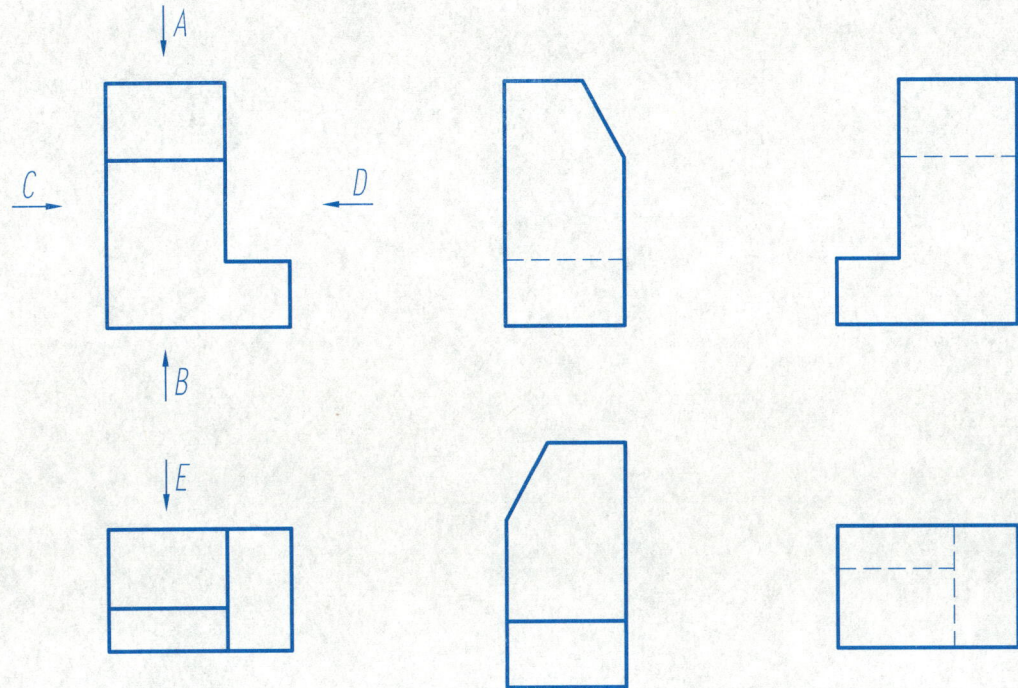

（2）试在指定位置画出箭头所示方向的斜视图和局部视图。

（3）根据给出的主、俯视图，补画出左视图和右视图。

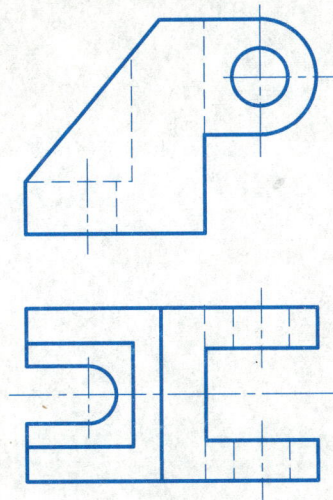

（4）根据给出的主、左视图，补画出俯视图和后视图。

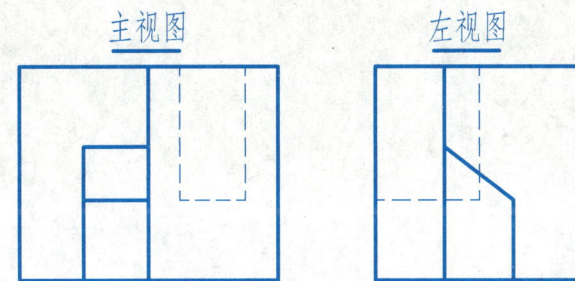

主视图　　　左视图

6-3 补画下列剖视图中所缺的图线。

（1）

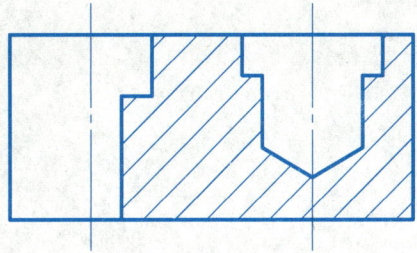

（2）

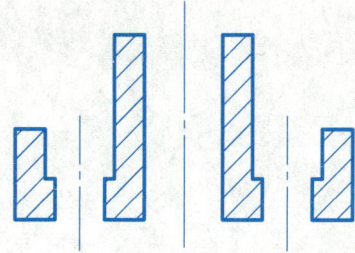

（3）

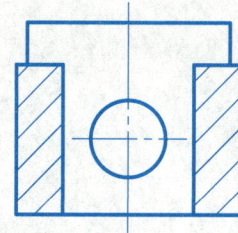

（4）

A—A

A　　　　　　A

（5）

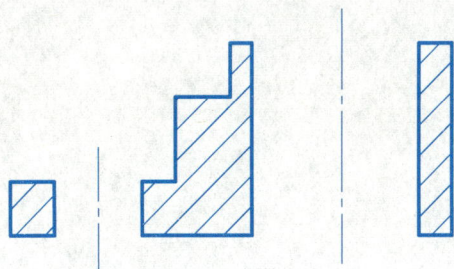

（6）

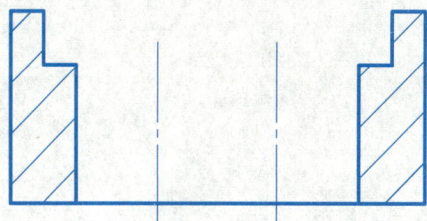

（7）

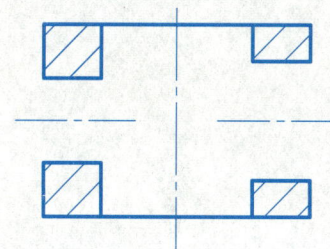

（8）

B—B

A　　　　A

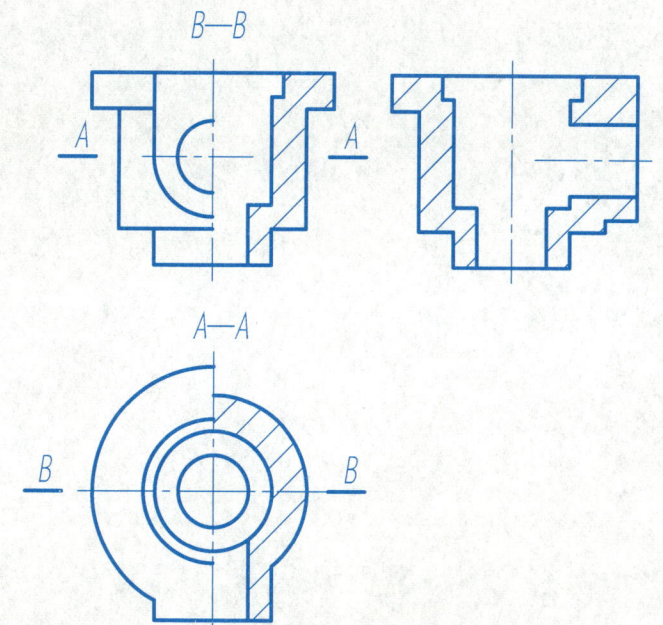

A—A

B　　　　B

6-4　根据已知视图，在指定位置将下列机件的主视图改画成全剖视图。　　　　　　　班　级　　　　　姓　名　　　　　学　号

（1）

（2）

（3）

（4）

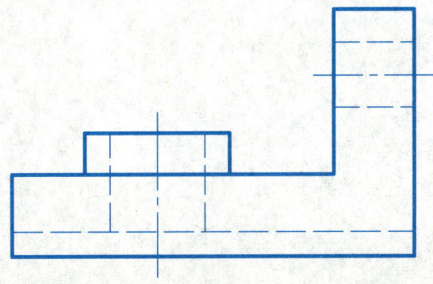
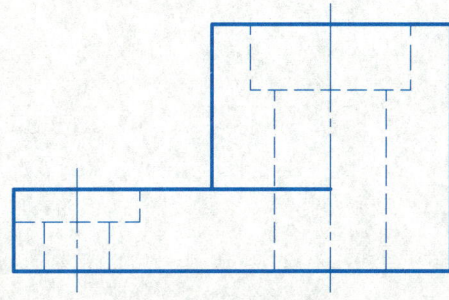
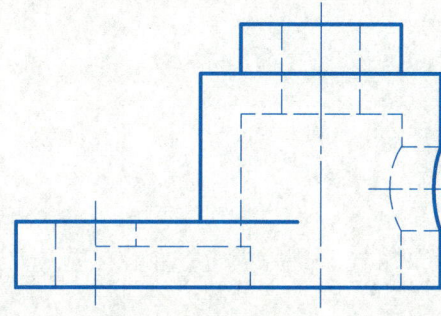
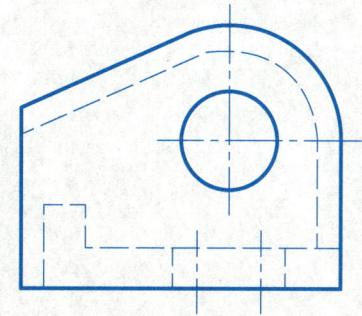

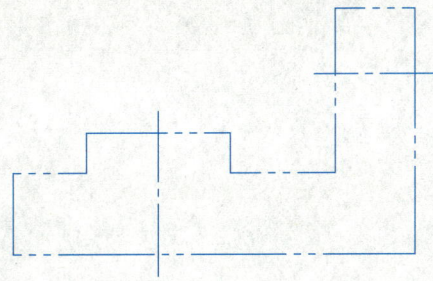
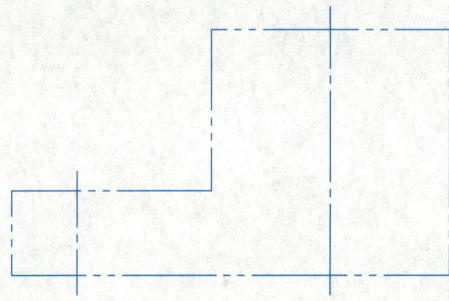
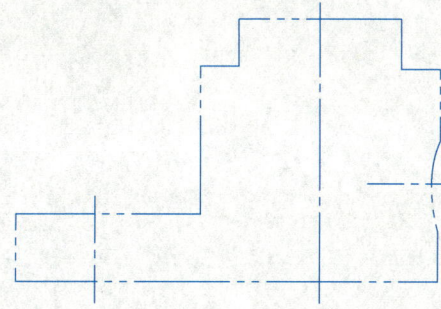
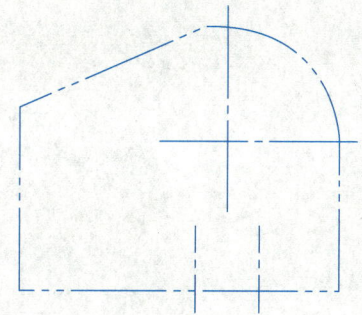

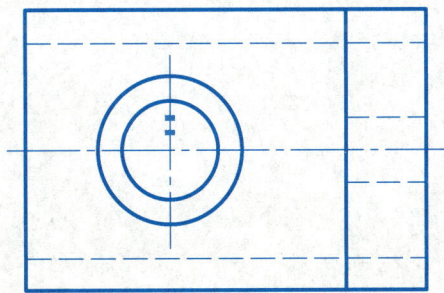
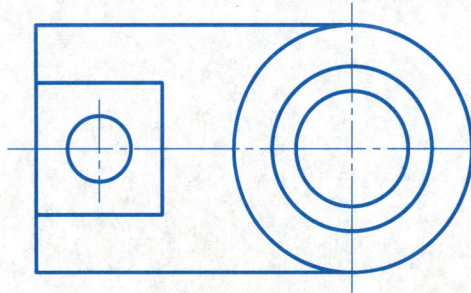
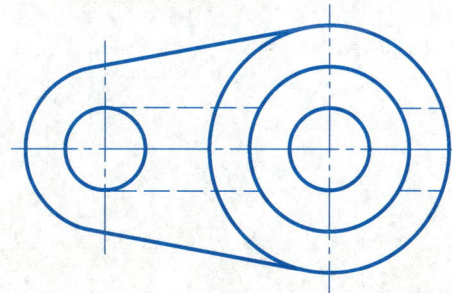
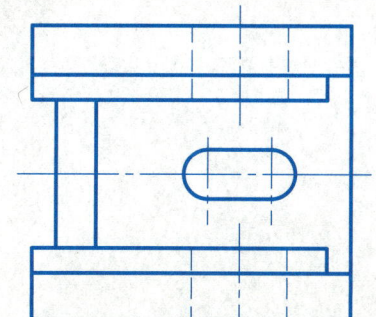

6-5 根据已知视图，在指定位置将下列机件的主视图改画成半剖视图。 班 级　　　　姓 名　　　　学 号

（1）

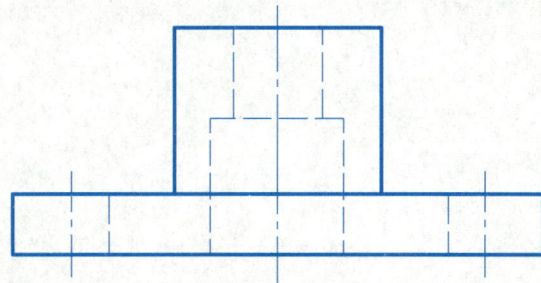

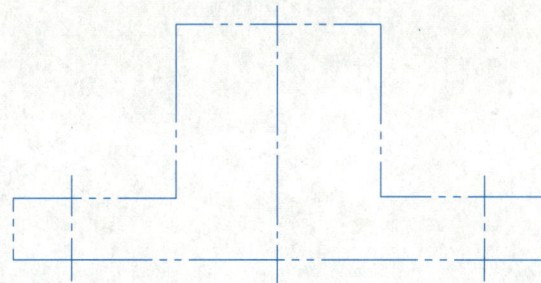

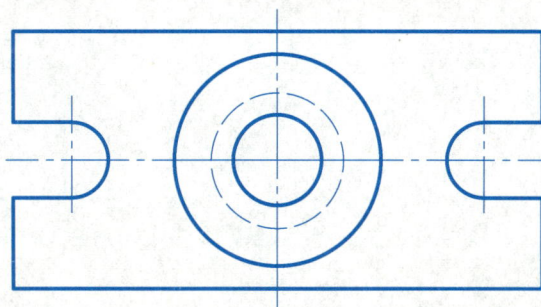

（2）

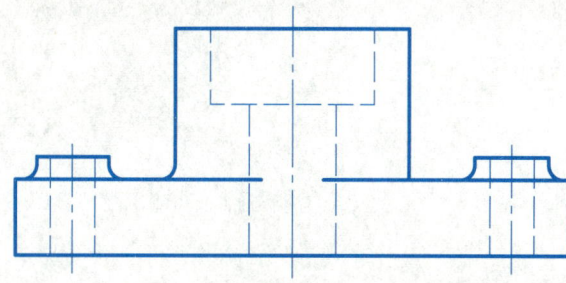

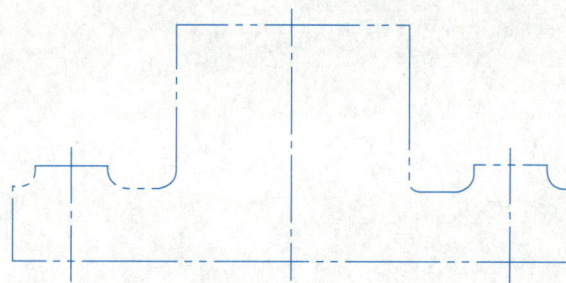

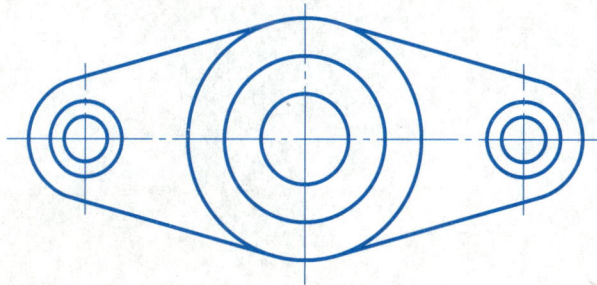

（3）

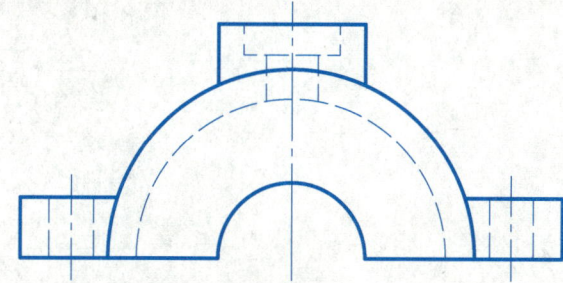

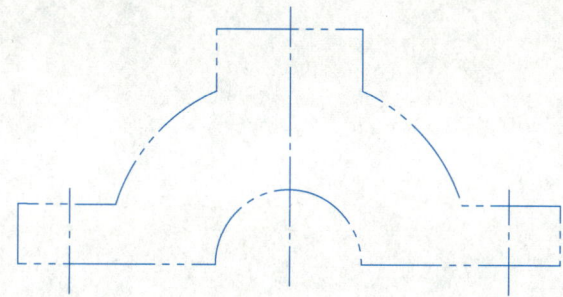

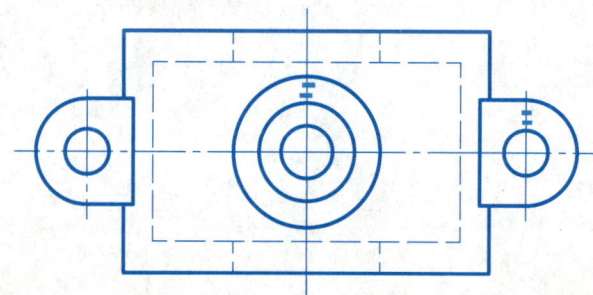

6-6 在指定位置完成半剖的主视图，求作全剖的左视图。

(1)

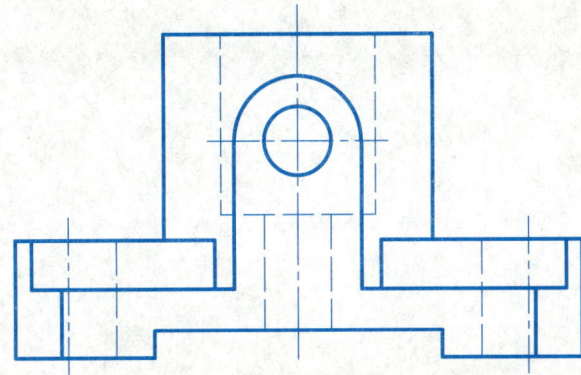

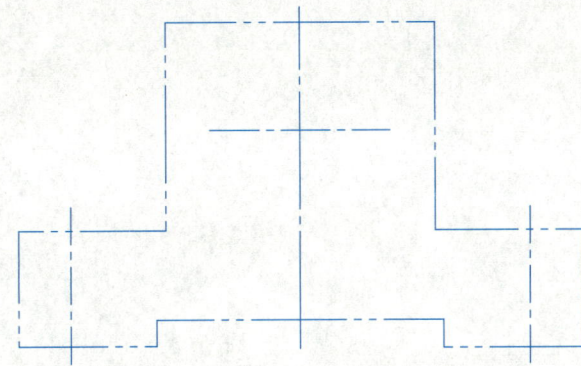

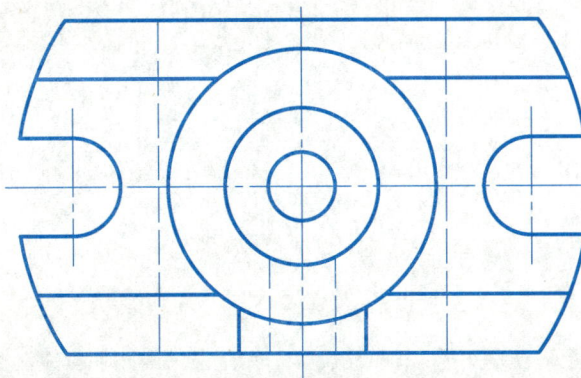

(2) 主视图画成全剖视图，左视图画成半剖视图。

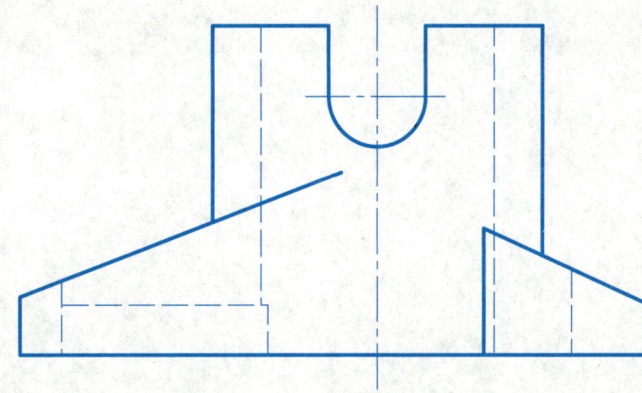

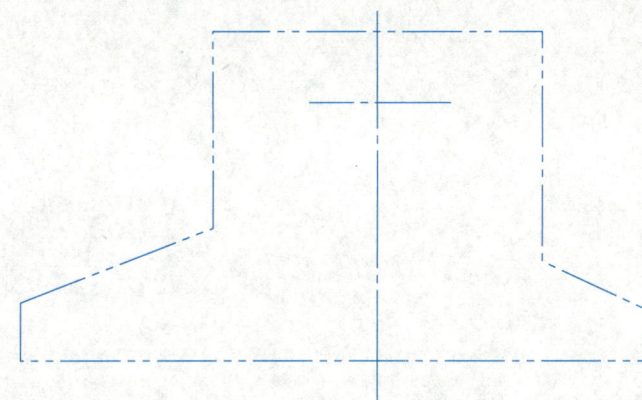

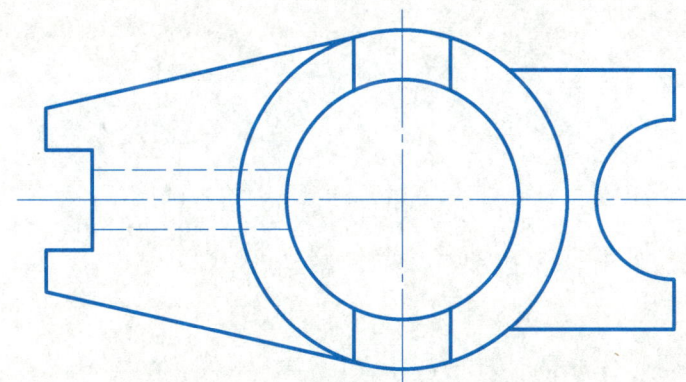

6-7 将视图改画成局部剖视图（不画虚线）。

6-9 采用平行的剖切面剖切，在适当位置将机件的主视图画成全剖视图，并标注。

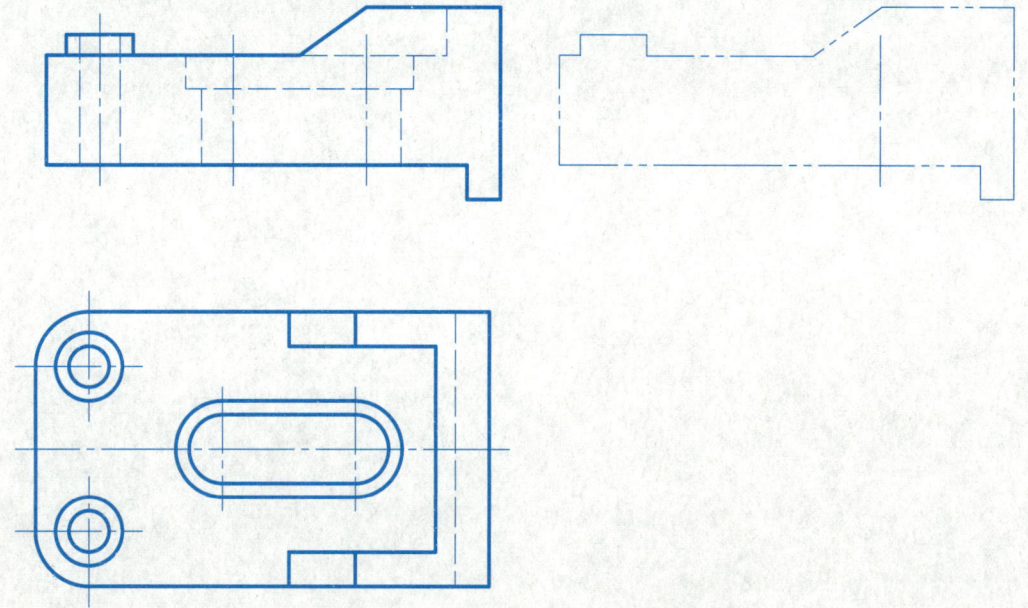

6-8 根据已知视图，在指定位置画出B—B斜剖视图。

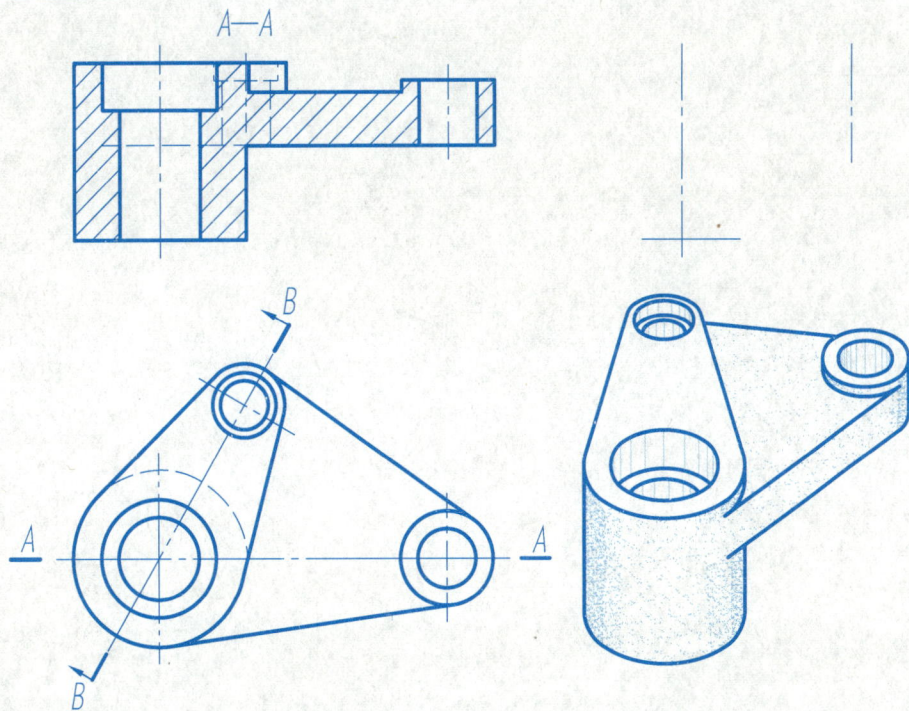

6-10 根据已知视图，在指定位置画出旋转后的剖视图，并标注。

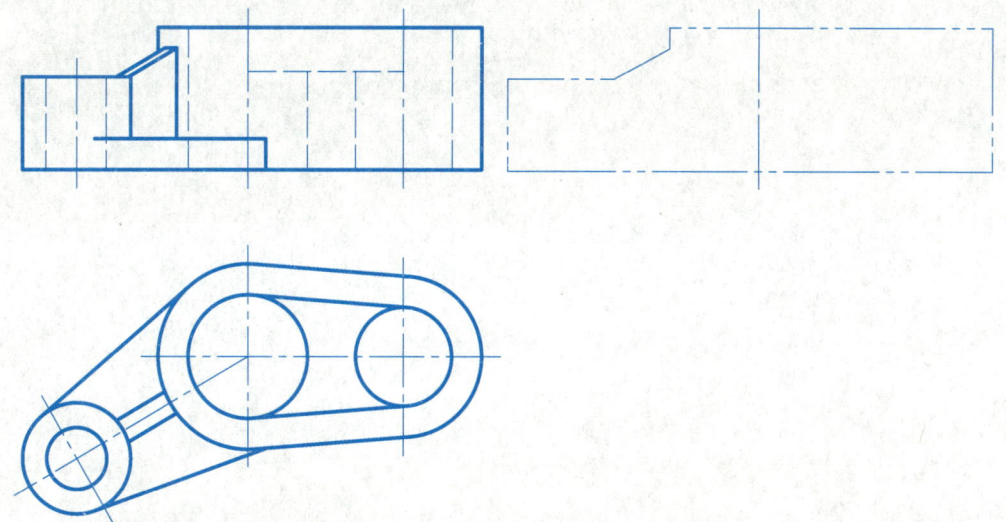

6-11 断面图及其他表达方法。

（1）在指定位置画出阶梯轴移出断面图（左键槽深4mm，右键槽深3mm），并标注。

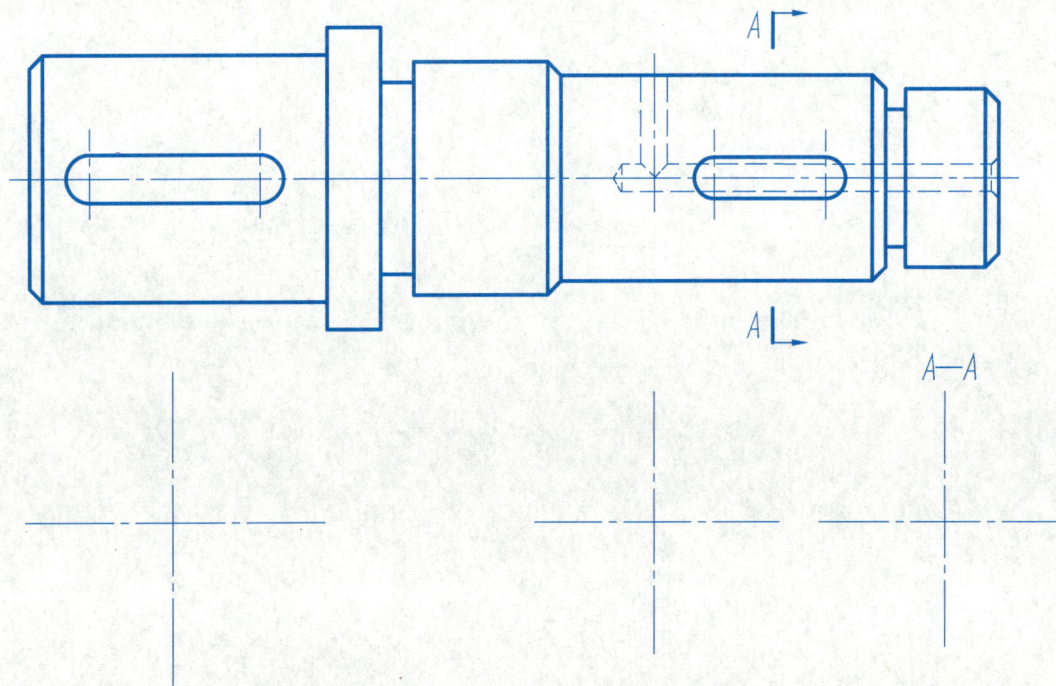

（2）在指定位置画出剖视图和断面图。

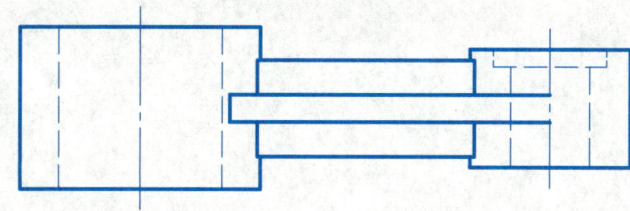

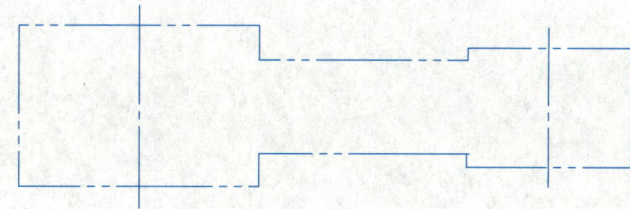

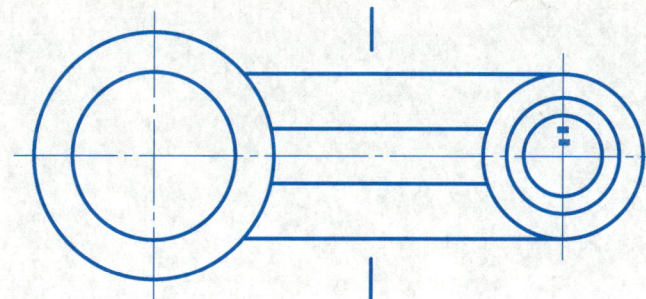

A—A

（3）在指定位置画出正确的剖视图。

6-12 选择正确的剖视图。　　　　　　　　　　　　　　　　　　班　级　　　　　　姓　名　　　　　　学　号

(1) 已知物体的主、俯视图，请选择正确的左视图（　）。

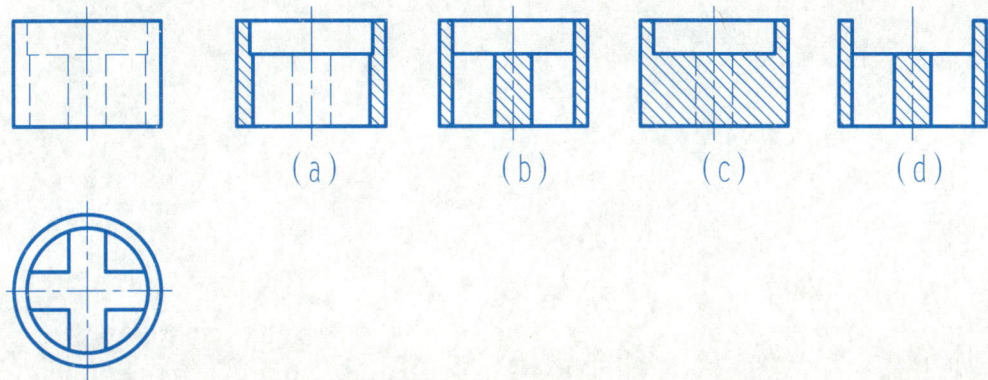

(a)　　　　(b)　　　　(c)　　　　(d)

(2) 请选择一组正确的局部剖视图（　）。

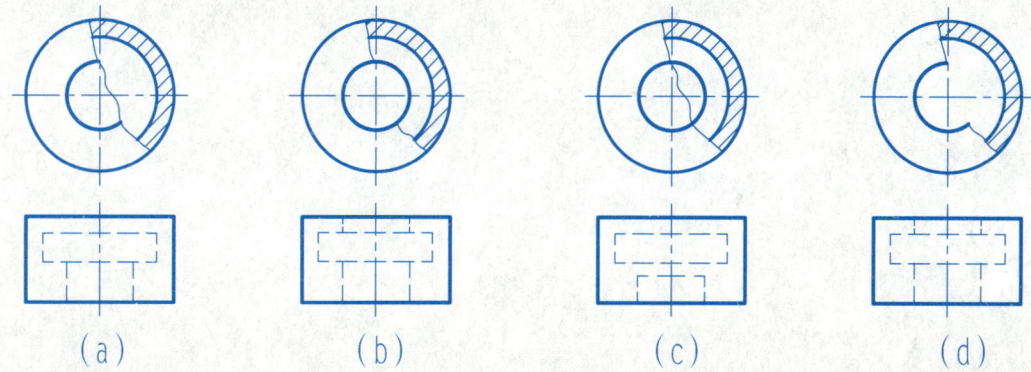

(a)　　　　(b)　　　　(c)　　　　(d)

(3) 已知物体的俯视图，请选择正确的主视图（　）。

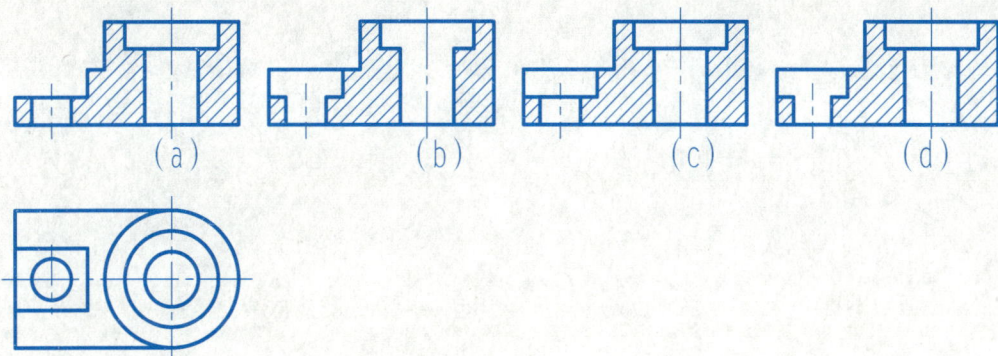

(a)　　　　(b)　　　　(c)　　　　(d)

(4) 已知物体的主、俯视图，请选择正确的剖切主视图（　）。

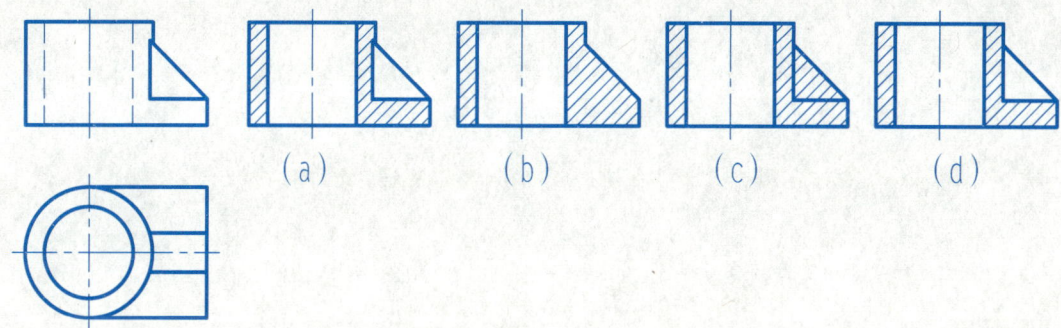

(a)　　　　(b)　　　　(c)　　　　(d)

(5) 请选择正确的断面图（　）。

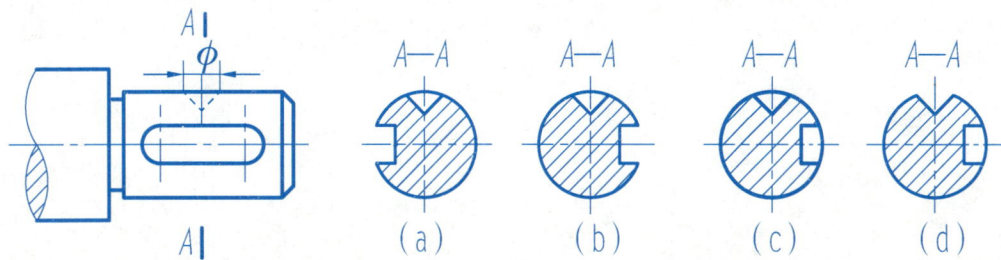

A—A　　A—A　　A—A　　A—A

(a)　　　(b)　　　(c)　　　(d)

(6) 请选择正确的断面图（　）。

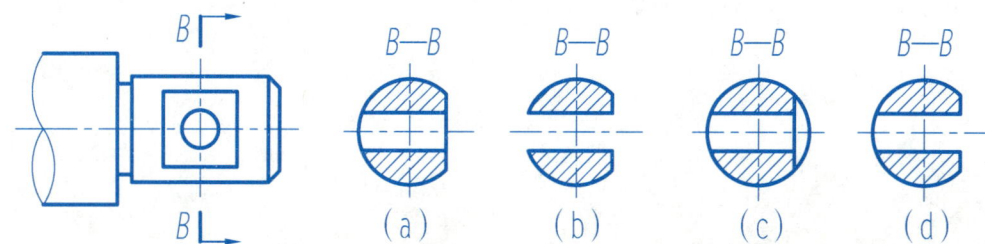

B—B　　B—B　　B—B　　B—B

(a)　　　(b)　　　(c)　　　(d)

6-13 综合举例。

表达方法综合练习作业指导

一、目的要求

（1）熟悉视图、剖视图、剖面图、简化画法等各种表达方法。

（2）学习综合运用各种表达方法明确地表达机件的形体结构。

（3）熟悉剖视图尺寸标注的方法。

二、内容和格式

要求根据所给的视图，想象出空间形体，然后综合运用各种表达方法正确地表达出该机件的结构，视图数量及表达方案可重新考虑，不受原视图的限制，并要求在视图上标注尺寸。

本作业采用A3图幅，图名为"剖视图"，图号为03，比例为1:1。

三、绘图步骤与注意事项

（1）先画图框和标题栏，然后按考虑好的视图表达方案，定出各视图的中心线或作图基准线。

（2）按事先考虑的表达方案画各视图。画剖视图的底稿时，应将多余的虚线或已剖去的外形轮廓线省去不画，以节省时间和保持图面整洁。

（3）半剖视图应以对称中心线为界，局部剖视图以波浪线为界，并注意该剖视图的标注是否可省略。

（4）标注尺寸。初学阶段应先打好底稿，要求尺寸完整、清晰，不重复、不遗漏，尺寸线布置要均匀，半剖视图中因一侧省略虚线而无法画出箭头时，应将尺寸线略超过中心线。

（5）底稿经检查无误后，应按正确步骤依次加深各类图线，并做到线型分明，符合制图标准规定。

（6）最后书写字体。尺寸数字用规定字体书写，汉字应采用长仿宋字。建议标题栏中图名、校名字高用7mm，其他汉字字高用5mm，尺寸数字用3.5mm，要求字体端正、笔划清楚、排列整齐、间隔均匀。

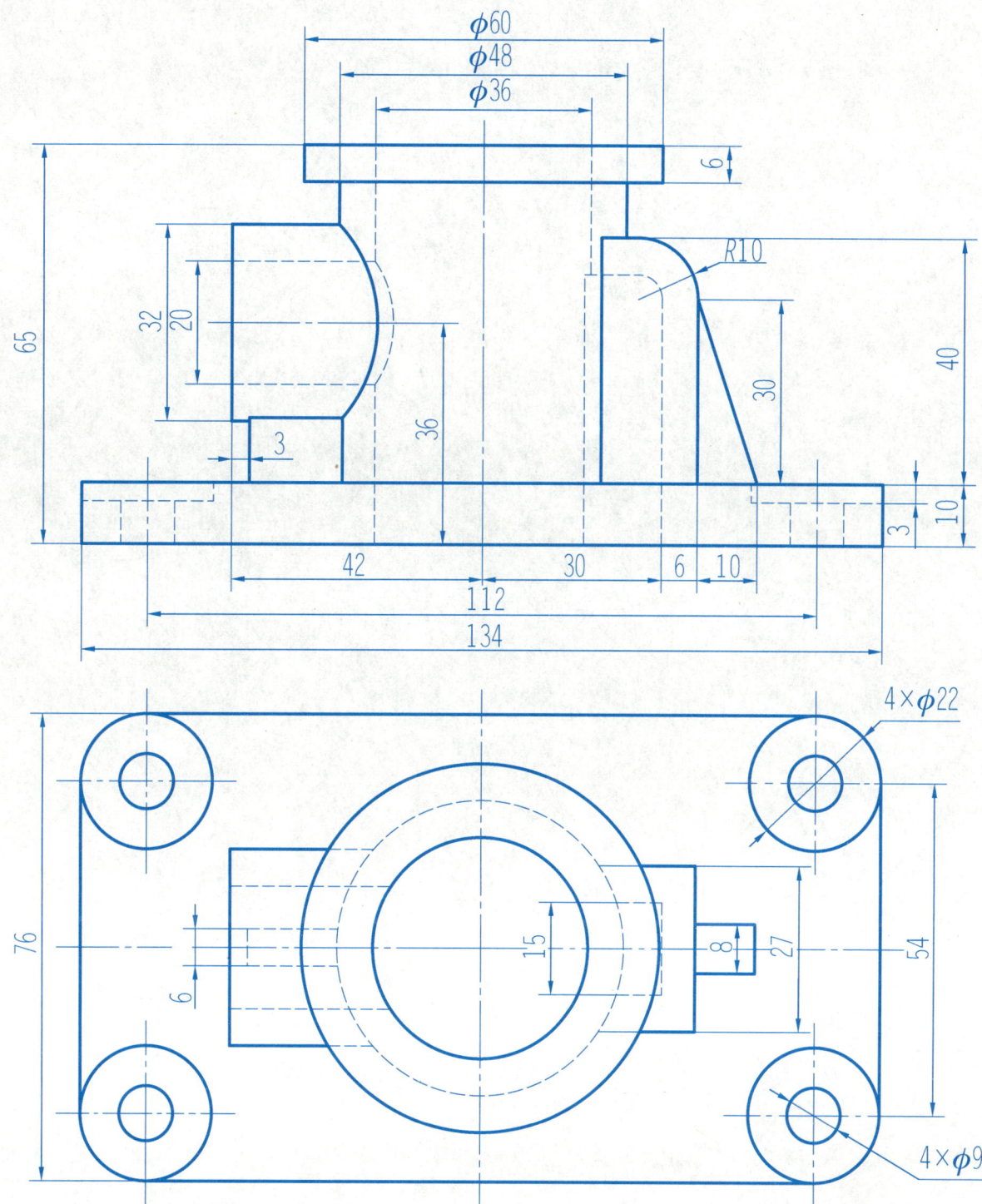

7-1 标准件与常用件的填空与选择题。   班 级   姓 名   学 号

一、填空题

1. 螺纹按用途的不同，可分为 _____ 和 _____。

2. 在圆柱或圆锥外表面上形成的螺纹称 _____ ，在圆柱或圆锥内孔表面上所形成的螺纹称 _____。

3. 螺纹的公称直径为 _____。

4. 螺纹的要素有牙型、直径、_____、_____和旋向。当内、外螺纹连接时，上述五要素必须相同。

5. 外螺纹的大径用 _____绘制；内螺纹的大径用 _____ 绘制。

6. 普通螺纹的特征代号为 _____。

7. 管螺纹的公称直径是管子的孔径，因此管螺纹必须采用 _____标注。

8. M20×1.5表示是 _____ 螺纹，公称直径为 ___，螺距为 _____ ，旋向为 _____。

9. 螺纹紧固件连接的基本形式有：_____、_____和螺钉连接。

10. 常用键的种类有 _____、_____和钩头楔键等。

11. 圆锥销的公称直径为 _____直径。

12. 已知一直齿圆柱齿轮的模数为3，其齿顶高为 _____。

13. 直齿圆柱齿轮分度圆直径d=105mm，齿数z=35，则齿轮模数m为 _____。

14. 绘制轴承时，其内圈与外圈的剖面线方向和间隔应 _____。

15. 轴承6208的轴承类型是 _____，尺寸系列为 _____，内径等于 _____。

16. 常见弹簧种类有 _____、_____、_____。

二、选择题

1. 绘制螺纹连接时，表示内、外螺纹大、小径的粗、细实线应（ ）。

   A. 分别对齐   B. 分别错开   C. 都可以

2. 内螺纹的公称直径是（ ）。

   A. 螺纹大径   B. 螺纹小径   C. 螺纹中径

3. 梯形螺纹的标记代号为（ ）。

   A. M   B. Tr   C. B

4. 用于螺栓连接的两个零件应加工成（ ）。

   A. 光孔   B. 螺孔   C. 一光孔，一螺孔

5. 用于螺柱连接的两个零件应加工成（ ）。

   A. 光孔   B. 螺孔   C. 一光孔，一螺孔

6. 对于标准直齿圆柱齿轮，下列说法正确的是（ ）。

   A. 齿顶高>齿根高   B. 齿顶高<齿根高   C. 齿顶高=齿根高

7. 直齿圆柱齿轮模数m=2，齿数z=20，则齿轮分度圆直径为（ ）。

   A. 20mm   B. 40mm   C. 10mm

8. 圆锥销的公称直径是指（ ）。

   A. 小端直径   B. 大端直径   C. 平均直径

9. 滚动轴承6206，其轴承类型为（ ）。

   A. 深沟球轴承   B. 角接触球轴承   C. 圆锥滚子轴承

10. 绘制轴承时，其内、外圈的剖面线方向和间隔应（ ）。

   A. 相同   B. 相反   C.任意

7-2　根据螺纹的规定画法，选择正确的答案。　　　　　　　　　　　　　　　　　　　班　级　　　　　　姓　名　　　　　　学　号

(1) 外螺纹的左视图，正确的是（　）。

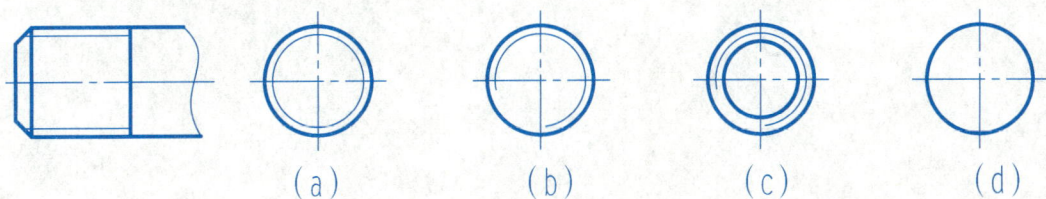

　　　　　　　　　　　（a）　　　　　　（b）　　　　　　（c）　　　　　　（d）

(2) 内、外螺纹的画法，正确的是（　）。

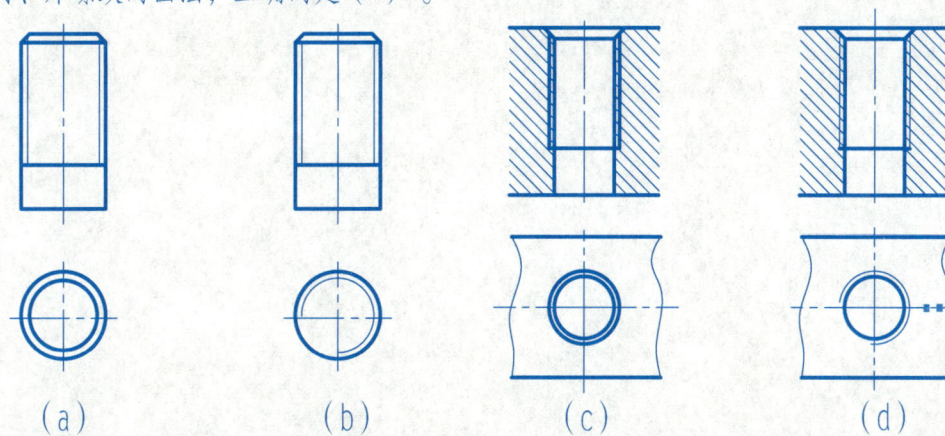

　　　　　　　（a）　　　　　　（b）　　　　　　（c）　　　　　　（d）

(3) 不通螺孔的画法，正确的是（　）。

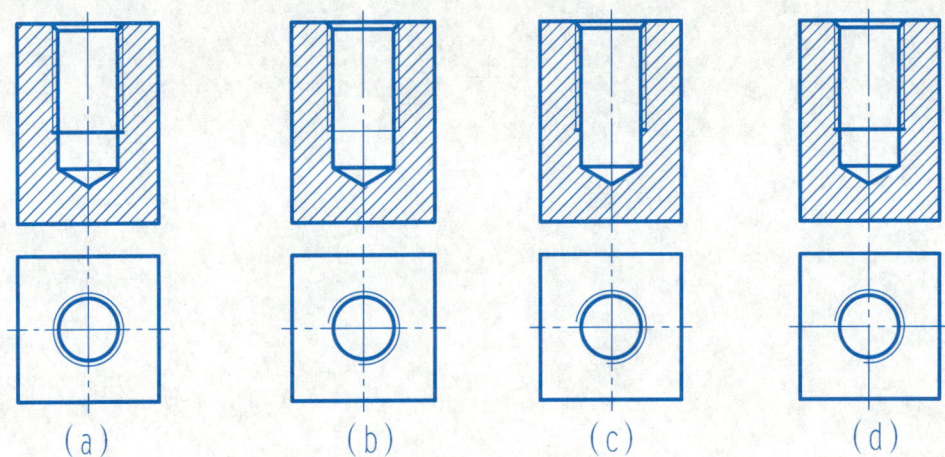

　　　（a）　　　　　　（b）　　　　　　（c）　　　　　　（d）

(4) 外螺纹的尺寸注法，正确的是（　）。

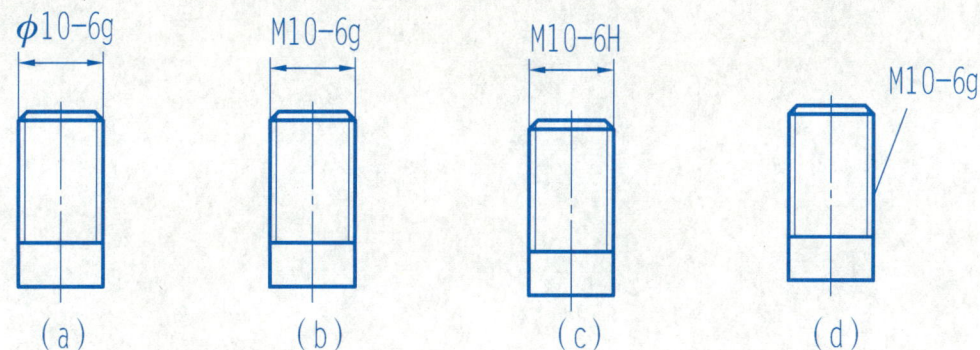

ϕ10-6g　　　　　M10-6g　　　　　M10-6H　　　　　M10-6g

　　　（a）　　　　　　（b）　　　　　　（c）　　　　　　（d）

(5) 螺孔与和它正交的圆孔相贯线的画法，正确的是（　）。

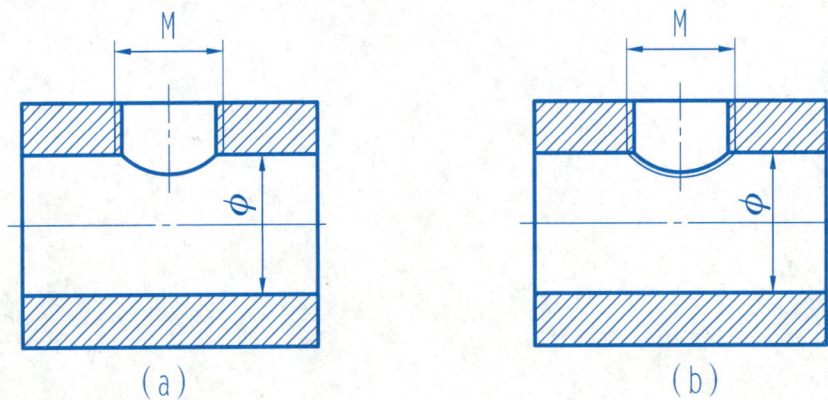

M　　　　　　　　　　　　M

ϕ　　　　　　　　　ϕ

　　　（a）　　　　　　　　　　（b）

(6) 螺杆与螺孔装配图的画法，正确的是（　）。

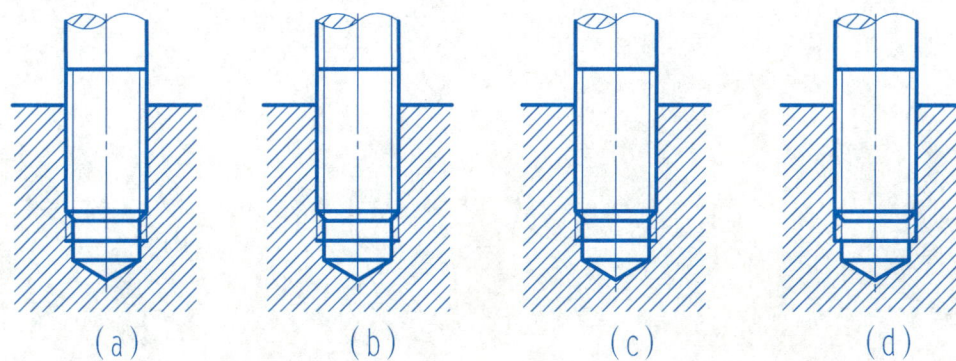

　　　（a）　　　　　　（b）　　　　　　（c）　　　　　　（d）

7-3 螺纹及螺纹紧固件。

1.螺纹的画法。

（1）画出公称直径为20mm，螺杆长度为40mm，螺纹长度为30mm，螺纹倒角为C2的外螺纹的主、左视图（螺纹加工在螺杆左侧）。

（2）在钢板左侧钻一螺孔，螺孔深为30mm，钻孔深为40mm，螺纹公称直径为20mm，螺纹倒角为C2，画出其主、左视图，要求主视图画成全剖视图。

（3）将（1）的外螺纹掉头旋入（2）的内螺孔，旋合长度为20mm，要求主、左视图画成全剖视图。

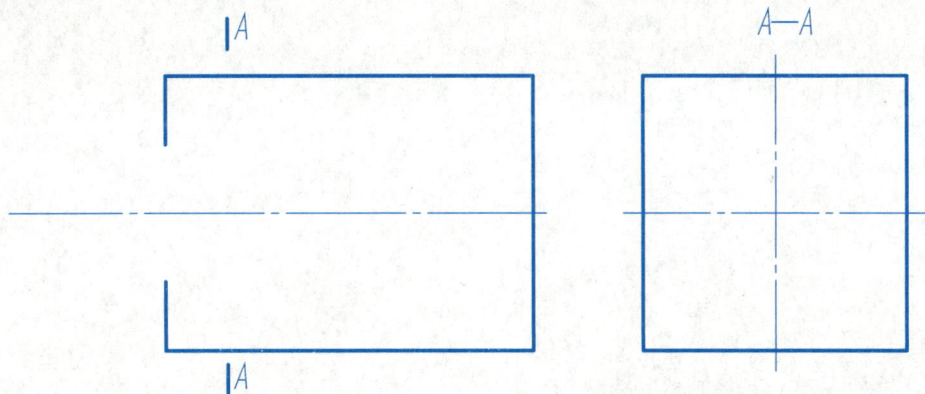

A

A

A—A

2. 找出螺栓连接图中的错误，将正确的图形画在右边指定的位置处。

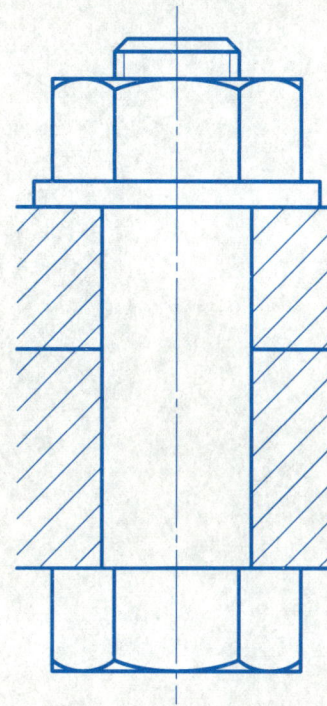

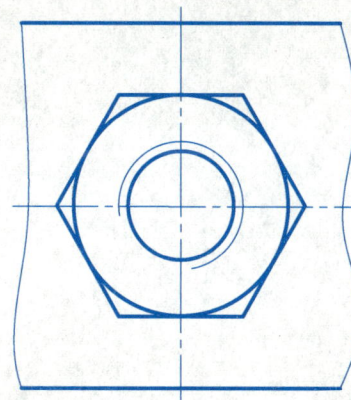

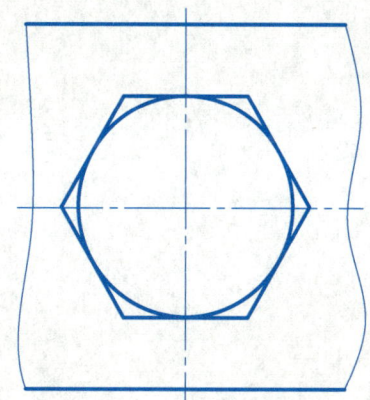

7-4 齿轮。

1.已知一平板形直齿圆柱齿轮的 $m=3$，$z=25$，要求：

（1）列出计算公式并算出齿顶圆直径 d_a、分度圆直径 d、齿根圆直径 d_f 及齿顶高 h_a、
　　齿根高 h_f、齿高 h；

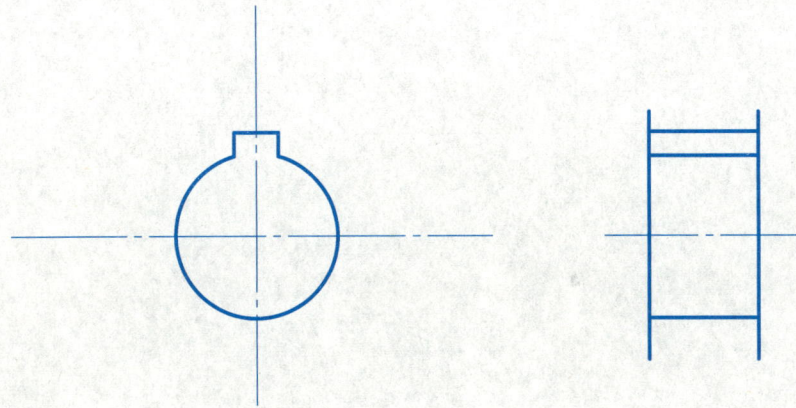

（2）补全齿轮的两视图。

2.已知：$m=3$，齿数为 $z_1=15$，$z_2=30$。

按规定画法画出一对平板标准直齿圆柱齿轮啮合的两视图：主视图全剖，左视图画外形，并列出
计算公式，分别计算两个齿轮的参数。

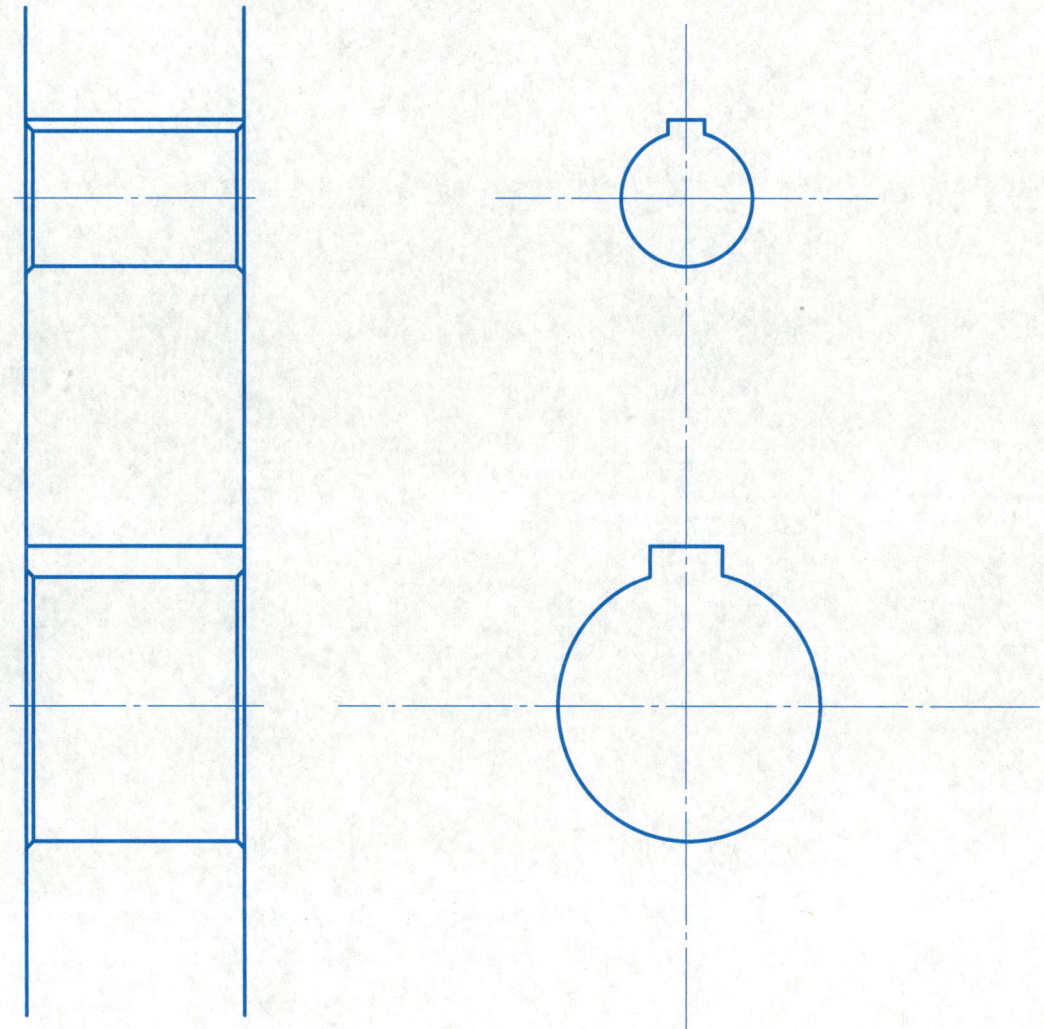

齿轮参数：

$d=$ 　　　　　　　$h_a=$

$d_a=$ 　　　　　　$h_f=$

$d_f=$ 　　　　　　$h=$

齿轮参数：

$d_1=$ 　　　　$d_{f1}=$ 　　　　$d_{a1}=$ 　　　　$i=$

$d_2=$ 　　　　$d_{f2}=$ 　　　　$d_{a2}=$

7-5 键与销。

1.键。

（1）画出轴的断面图A—A，并查表注全键槽的尺寸。

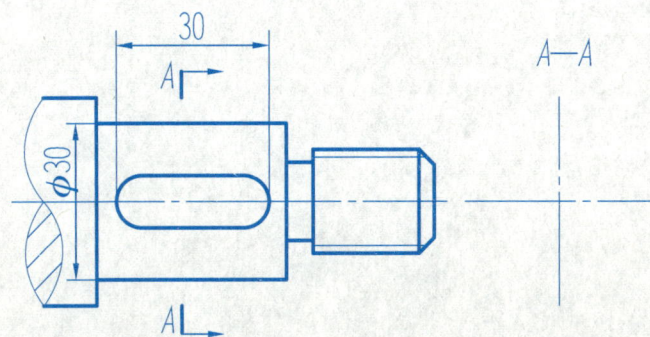

（2）画出齿轮轮毂部分的键槽投影及A向局部视图，并查表注全键槽的尺寸。

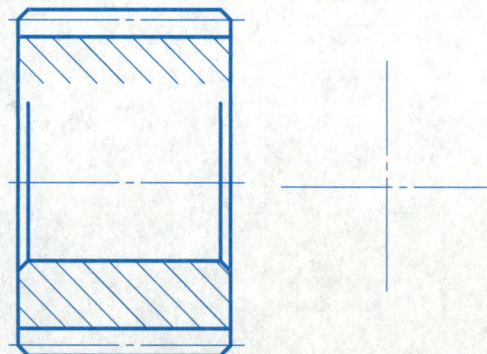

2.销。

（1）选取适当长度的ϕ12圆锥销，画出销连接的装配图，并写出销的标记。

键宽$b=$ ___ ，键高$h=$ ___ ，键长$L=$ ___ ，轴键槽深$t=$ ___ ，轮毂键槽深$t_1=$ ___ 。

标记：

（3）用普通平键和螺母、垫圈，将（1）、（2）中轴和齿轮连接起来，画出连接的装配图，并写出键的标记。

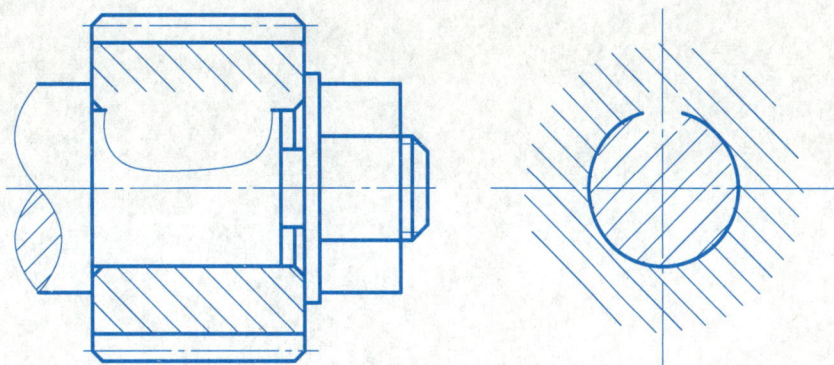

标记：

（2）选取适当长度的ϕ12圆柱销，画出销连接的装配图，并写出销的标记。

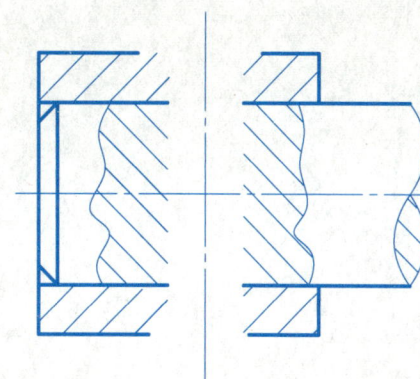

标记：

8-1 零件图的填空、选择题。　　　　　　　　　　　　　　　班　级　　　　　姓　名　　　　　学　号

一、填空题

1.一张完整的零件图应包括下列四项内容：_____。

2.选择零件主视图时应先确定其_____，再确定主视图的_____。

3.通常四大类零件是指 _____。

4.零件图尺寸标注的基本要求是：_____、_____、_____、_____。

5.零件图中表面粗糙度的注写和读取方向与_____的注写和读取方向一致。

6.当零件所有表面具有相同的表面粗糙度要求时，可统一标注在_____附近。

7.零件加工时允许尺寸的变动量称为尺寸_____。

8.若基本尺寸相同，公差等级数值越大，标准公差值越_____，精确程度越_____。

9.轴的尺寸为$\phi 24^{+0.015}_{+0.002}$，表示其最大极限尺寸为_____，最小极限尺寸为_____，基本偏差为_____，公差为_____。

10.基本尺寸相同的相互结合的孔和轴公差带之间的关系称为_____。配合分为_____、_____、_____三种。

11.几何公差是指零件表面的_____形状、位置、方向等对于理想形状、位置、方向的允许的_____。

12.说明符号 $\boxed{\perp\ |\ 0.01\ |\ A}$ 中表示几何公差的项目为_____，公差值为_____。

13.为便于装配和除去毛刺、锐边，在轴和孔的端部常加工成_____。

14.零件测绘是根据_____画零件图的过程。

二、选择题

1.表示零件结构、大小及技术要求的图样称为（　）。

　A.视图　　　　　　B.工程图　　　　　　C.零件图

2.确定零件图的表达方案时，应首先确定（　）的方向。

　A.主视图　　　　　B.俯视图　　　　　　C.左视图

3.机件的真实大小，应以图样上（　）为依据。

　A.图形的大小　　　B.标注的尺寸　　　　C.综合考虑

4.在零件图中的尺寸基准根据其作用分为（　）两类。

　A.设计和工艺基准　B.长度和高度基准　　C.主要和辅助基准

5.表面粗糙度中，Ra的单位为（　）。

　A.毫米　　　　　　B.微米　　　　　　　C.厘米

6.给出的表面粗糙度符号中表面质量要求最高的是（　）。

　A.$\sqrt{Ra\ 1.6}$　　B.$\sqrt{Ra\ 6.4}$　　C.$\sqrt{Ra\ 50}$

7.132±0.0125的公差为（　）。

　A.+0.0125　　　　B.−0.0125　　　　　C.0.025

8.公差表示尺寸允许变动的范围，所以（　）。

　A.一定为正值　　　B.一定为负值　　　　C.可以为零

9.下面哪种符号是代表形位公差中的同轴度（　）。

　A.○　　　　　　　B.⊙　　　　　　　　C.◎

10.为了去除毛刺、锐边和便于装配，在孔和轴的端部，一般都应加工成（　）。

　A.直角　　　　　　B.圆角　　　　　　　C.倒角

8-2 技术要求练习。

1.在立体表面标注表面粗糙度符号。

各表面都是用去除材料方法获得的表面，其中：内孔和倒角圆表面粗糙度为Ra 1.6，左、右两端面粗糙度为Ra 3.2，左侧φ31圆柱面粗糙度为Ra 6.3，其余表面粗糙度为Ra 12.5。

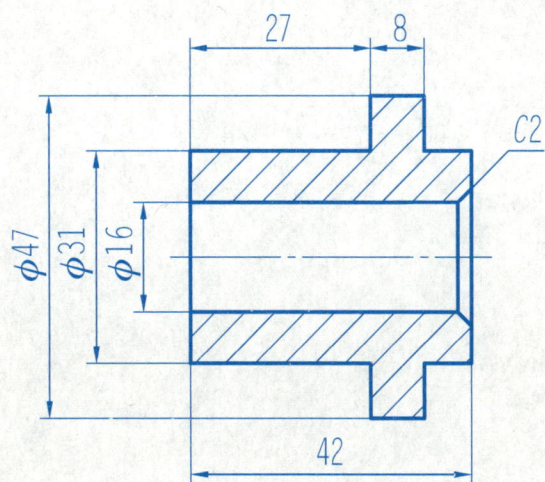

27　8

C2

φ47　φ31　φ16

42

2.根据装配图中所注配合尺寸，分别在相应的零件图上标出基本尺寸和偏差数值，并说明这两个配合尺寸的含义。

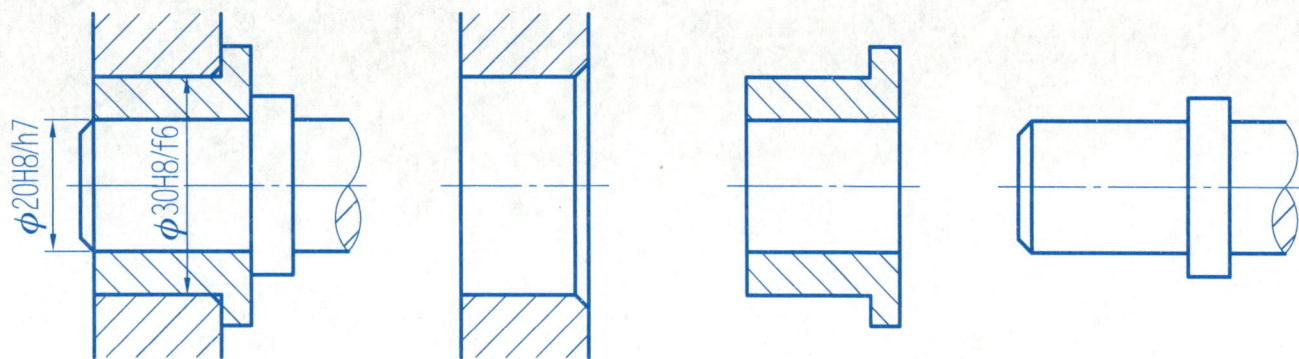

φ20H8/h7　φ30H8/f6

φ30H8/f6表示 ＿＿＿＿＿

φ30H8/h7表示 ＿＿＿＿＿

3.识读几何公差。

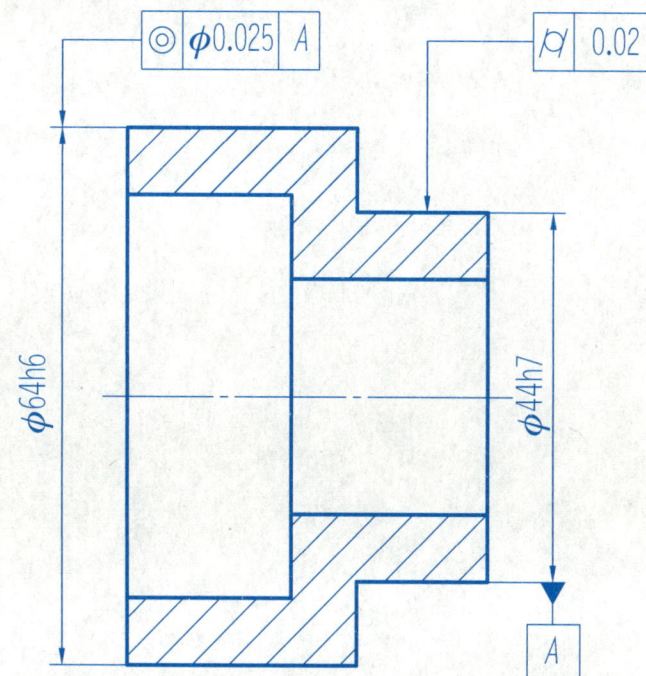

⌾ φ0.025 A　　◯ 0.02

φ64h6　φ44h7

A

被测要素 ＿＿＿＿＿ 圆柱面的圆柱度公差为 ＿＿＿＿＿ ；

被测 ＿＿＿＿＿ 圆柱面，对φ44基准轴线A的 ＿＿＿＿＿

公差为 ＿＿＿＿＿ 。

52

8-3 读轴的零件图，通过查表补画轴上键槽位置的断面图（A—A），标注尺寸，并回答相应问题。　　　　班 级　　　　姓 名　　　　学 号

（1）该零件的名称是 ____ ，材料是 ___ ，画图比例为 ____ 。属于 _____ 类零件。

（2）图中尺寸ϕ20k6是公差等级为 ___ ，基本偏差代号为 __ ；该尺寸用公差带代号表示为 ___ 。

（3）该零件要求表面粗糙度的最小值是 ___ ，最大值是 ___ 。

（4）尺寸M12的含义是 _____ 。

（5）零件长度方向的主要尺寸基准是 _____ ，宽度和高度
　　方向的尺寸基准是 _____ 。

（6）位于零件左方ϕ28轴段上的键槽长度为 ___ ；宽度为 ___ ；
　　定位尺寸 ___ 。

（7）越程槽2×1.5表示槽宽 __ ，槽深 ___ 。

（8）直径为ϕ24圆柱长为 ___ ，其表面粗糙度的代号为 ____ 。

（9）直径为ϕ28轴段左端倒角为 __ 。

（10）说明图中下列形位公差的意义：

　　◎ ϕ0.01 A—B　被测要素和基准要素均为 ____ 圆柱面。
　　　　　公差项目为 _____ ，公差值为 ____ 。

　　= 0.1 A　被测要素为 ____ 。基准要素为 ____ 圆柱轴线。
　　　　　公差项目为 ___ ，公差值为 __ 。

（11）局部放大图采用的绘图比例为 ___ 。

（12）补画A—A断面图。

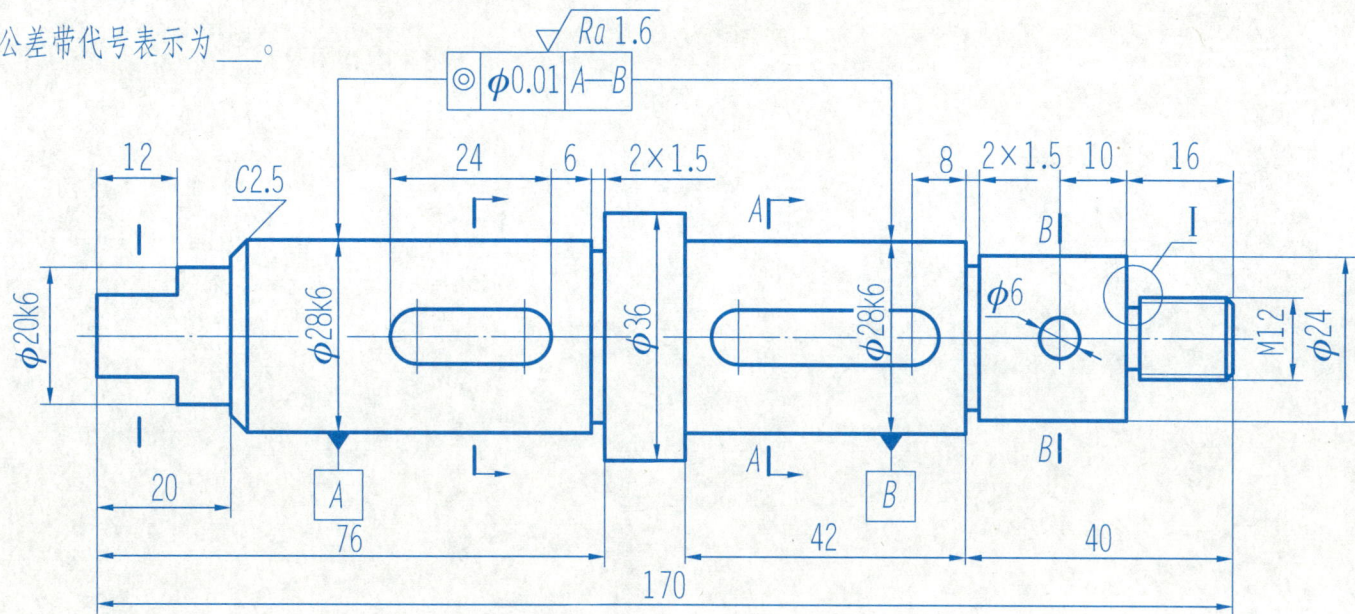

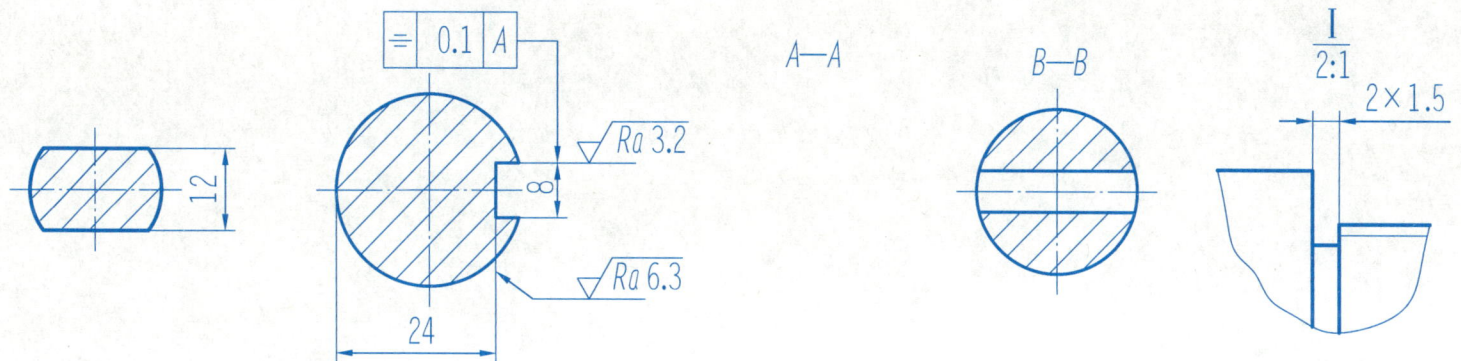

技术要求：
1.未注倒角C0.5。
2.全部圆角2%~3%HRC。
3.两个ϕ28外圆柱面表面淬火35~52HRC，淬火硬度为0.7~1.3。

$\sqrt{}$ Ra 12.5 （$\sqrt{}$）

轴		比例	数量	材料	图号
		1:1	1	45	01
制图					
审核			（校名）		

8-4 读端盖的零件图，补画A向视图，并回答相应问题。　　　　　　班 级　　　姓 名　　　学 号

(1) 端盖的材料是____，画图比例是_____，属于__比例，该零件属于____类零件。

(2) 主视图采用了 B-B___ 剖视图，主要表达_____，左视图是____图，

　　主要表达_____。

(3) 该零件的长度方向主要基准为_____，宽度和高度方向主要基准为___。

(4) 右端面上的 ϕ10圆柱孔的定位尺寸为___。

(5) 主视图上方标注的尺寸M12表示___孔，大径为___，螺孔深度为___。

(6) ϕ16H7是____制的光孔，公差等级为__级，其基本偏差为___。

　　该圆柱面的表面粗糙度要求为___。

(7) 说明下列形位公差的意义：

　　◎ 0.025 A 被测要素为_____圆柱面。基准要素为_____。

　　　　　　公差项目为_____，公差值为____。

　　⊥ 0.011 A 被测要素为_____。基准要素为_____。

　　　　　　公差项目为_____，公差值为____。

(8) 左视图中标有 ① 所指的3个圆的直径尺寸分别为___、___、___。

(9) 图中标有 ② 所指图线是_____。

(10) 图中6×ϕ7/凵ϕ11深5的含义是_____。

(11) 图中未标注表面粗糙度要求的表面，其表面粗糙度为_____。

(12) 画出A向视图。

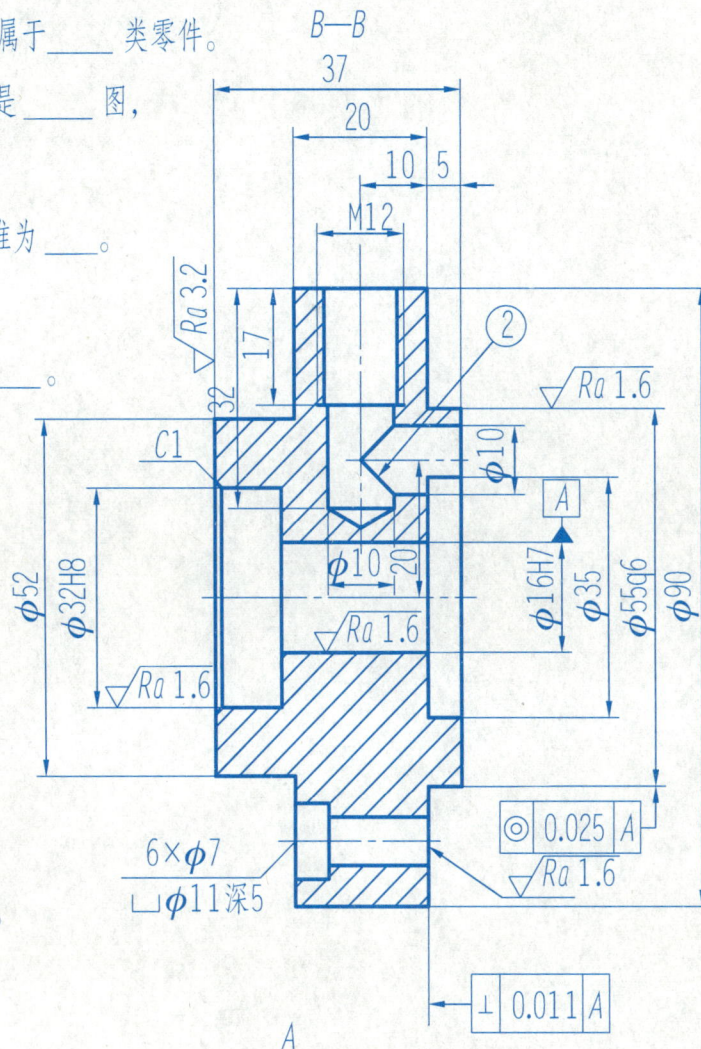

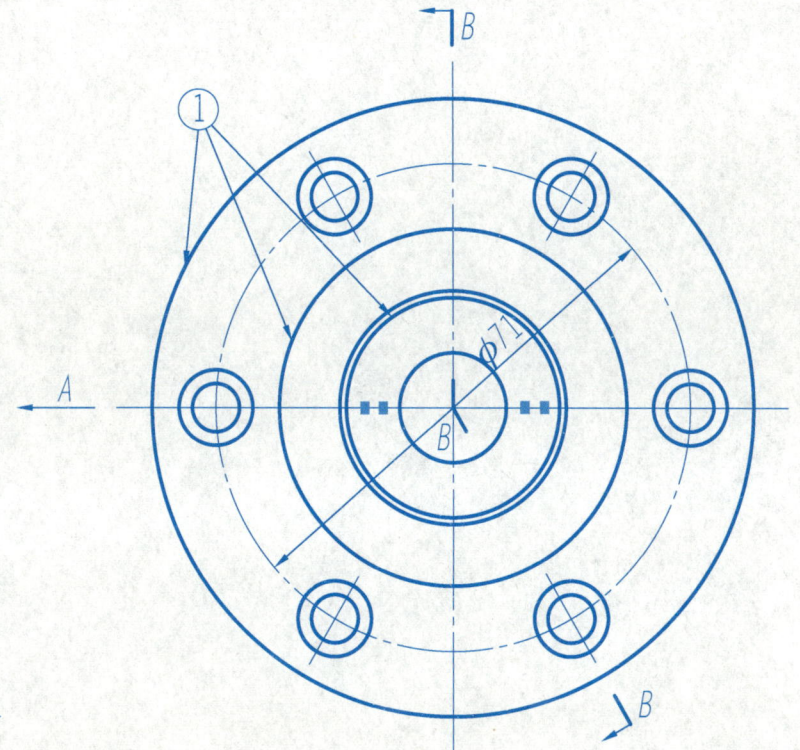

B-B

37

20

10 5

M12

$\sqrt{Ra\,3.2}$

17

32

ϕ10

$\sqrt{Ra\,1.6}$

C1

A

ϕ10 20

ϕ16H7 ϕ35 ϕ55q6 ϕ90

$\sqrt{Ra\,1.6}$

ϕ52 ϕ32H8

$\sqrt{Ra\,1.6}$

6×ϕ7
凵ϕ11深5

◎ 0.025 A
$\sqrt{Ra\,1.6}$

⊥ 0.011 A

A

①

ϕ71

B

A

B

B

技术要求：
铸件不得有砂眼、裂纹。

$\sqrt{Ra\,6.3}$ ($\sqrt{}$)

端盖	比例	数量	材料	图号
	1:1	1	A3	02
制图				
审核			(校 名)	

8-5 读支架零件图，补画B—B断面图，并回答相应问题。　　　班级　　　　姓名　　　　学号

(1) 该零件的材料为_____，绘图比例为____，属于_____类零件。

(2) 支架零件共用了____个图形来表达形体结构，主视图为_____，另外三个图形分别为_____、_____和_____。

(3) 在图中标出零件长、宽、高三个方向的主要尺寸基准。

(4) 移出断面表明连接肋板的形状为_____，其厚度为___，表面粗糙度为_____。

(5) 该零件的主要结构是上部的_____结构和下部的_____结构。

(6) 上部圆筒左侧耳板上的凸台形状为_____，其定位尺寸为_____。

(7) $\phi 20^{+0.021}_{0}$ 表示其最大极限尺寸为_____，最小极限尺寸为_____，基本偏差为_____，公差带代号为_____。

(8) 写出图中M10-7H螺纹孔的所有尺寸_____。

(9) 说明下列形位公差的意义：

$\boxed{\perp \,|\, 0.05 \,|\, A}$ 被测要素为_____。

基准要素为_____。公差项目为_____，公差值为_____。

(10) 说明符号 $\sqrt{Ra\,50}$ 的含义是_____。

(11) 拨叉零件不加工的表面其表面粗糙度为_____。

(12) 在指定位置处画出B—B断面图。

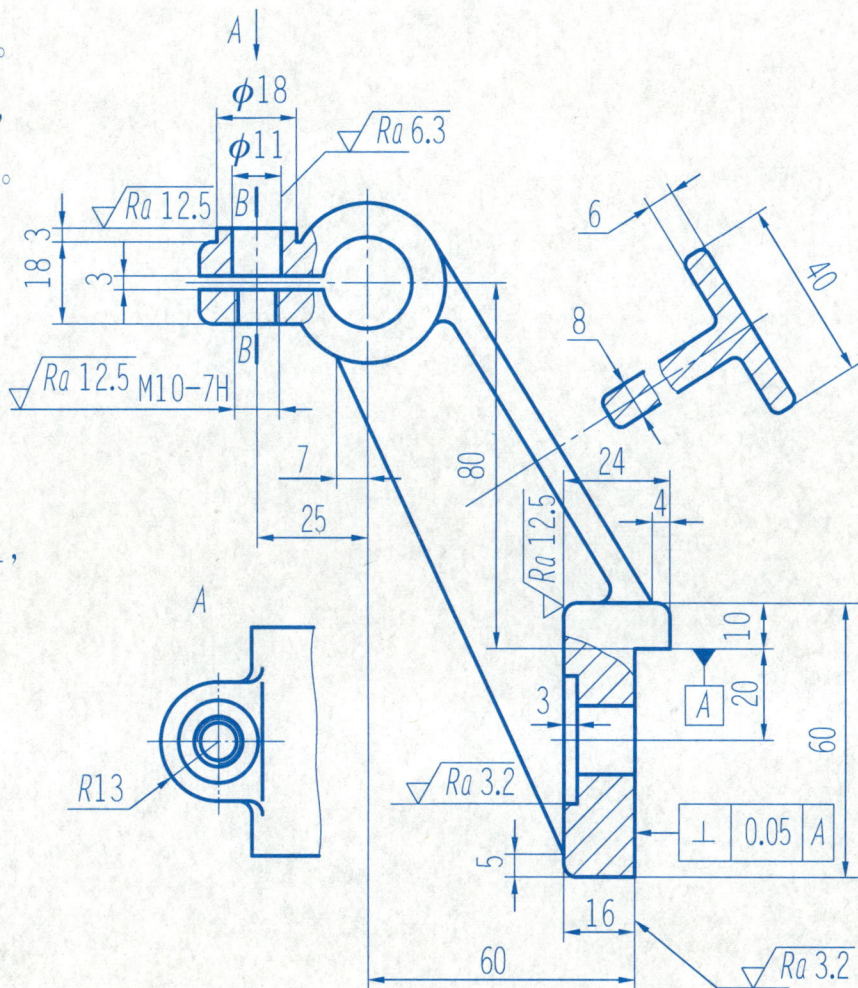

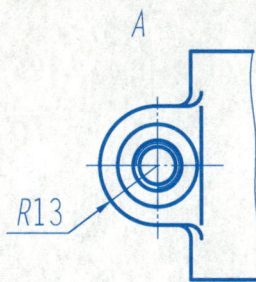

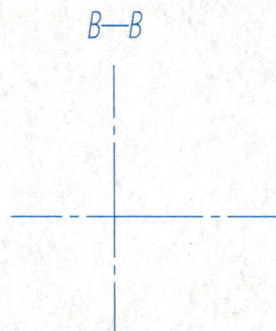

B—B

技术要求：
1. 未注圆角为R3~5。
2. 不加工的表面腻平喷漆。
3. 铸件不得有砂眼、裂纹。

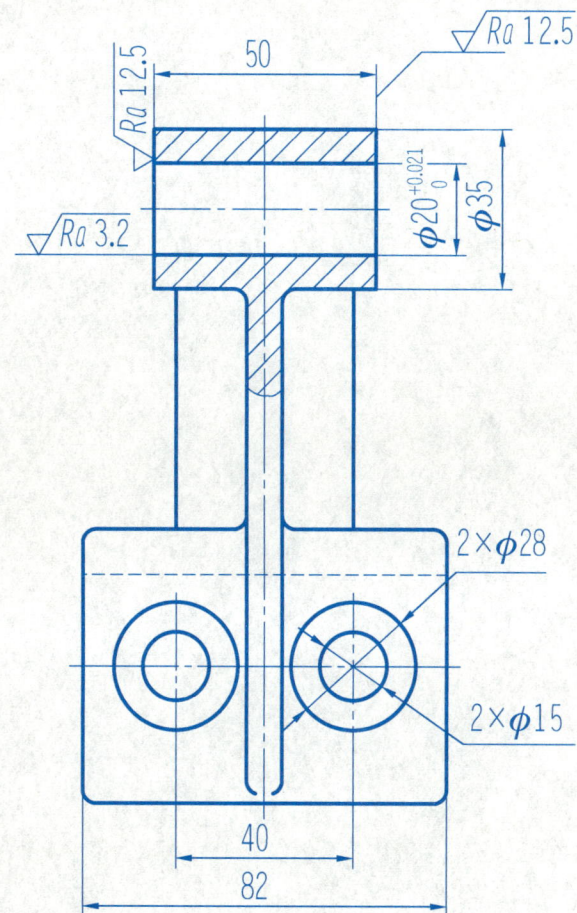

$\sqrt{Ra\,50}$ （$\checkmark$）

支架	比例	数量	材料	图号
	1:1	1	HT150	03
制图				
审核		（校名）		

8-6 读壳体零件图，在指定位置画出A向局部视图，并回答相应问题。 班级　　　　姓名　　　　学号

（1）该零件的名称是＿＿＿，材料是＿＿＿，画图比例是＿＿＿，
属于＿＿＿类零件。

（2）主视图采用了＿＿＿＿，左视图是＿＿剖视图，俯视图是
＿＿＿图。

（3）写出零件上两个螺纹孔的定形尺寸、定位尺寸。

定形尺寸：＿＿＿＿＿；

定位尺寸：＿＿＿＿＿。

（4）该零件表面粗糙度最高的是＿＿＿＿＿表面。

（5）在图中标出零件长、宽、高三个方向的主要尺寸基准。

（6）ϕ36H8是＿＿＿制的孔，公差等级为＿＿＿级，其基本偏差为＿＿。

（7）在壳体右侧的连接板上，有2个ϕ17的安装孔，其定位尺寸为＿＿＿，
表面粗糙度要求为＿＿＿＿。

（8）图中未注明的铸造圆角尺寸为＿＿＿＿。

（9）说明下列形位公差的意义：

⊥ 0.03 A　被测要素为＿＿＿＿＿。基准要素为＿＿＿＿＿。
公差项目为＿＿＿，公差值为＿＿＿。

◎ ϕ0.02 A　被测要素为＿＿＿＿＿。基准要素为＿＿＿＿＿。
公差项目为＿＿＿，公差值为＿＿＿。

（10）壳体表面粗糙度精度要求最高的Ra值是＿＿＿，表面粗糙度精度要求
最低的Ra值是＿＿＿。

（11）该零件的总长为＿＿＿；总宽为＿＿＿；总高为＿＿＿。

（12）在指定位置画出B向局部视图。

技术要求：
1.未注铸造圆角R3～5。
2.铸件不得有裂纹、砂眼等缺陷。
3.铸造后应去毛刺和锐边倒角。

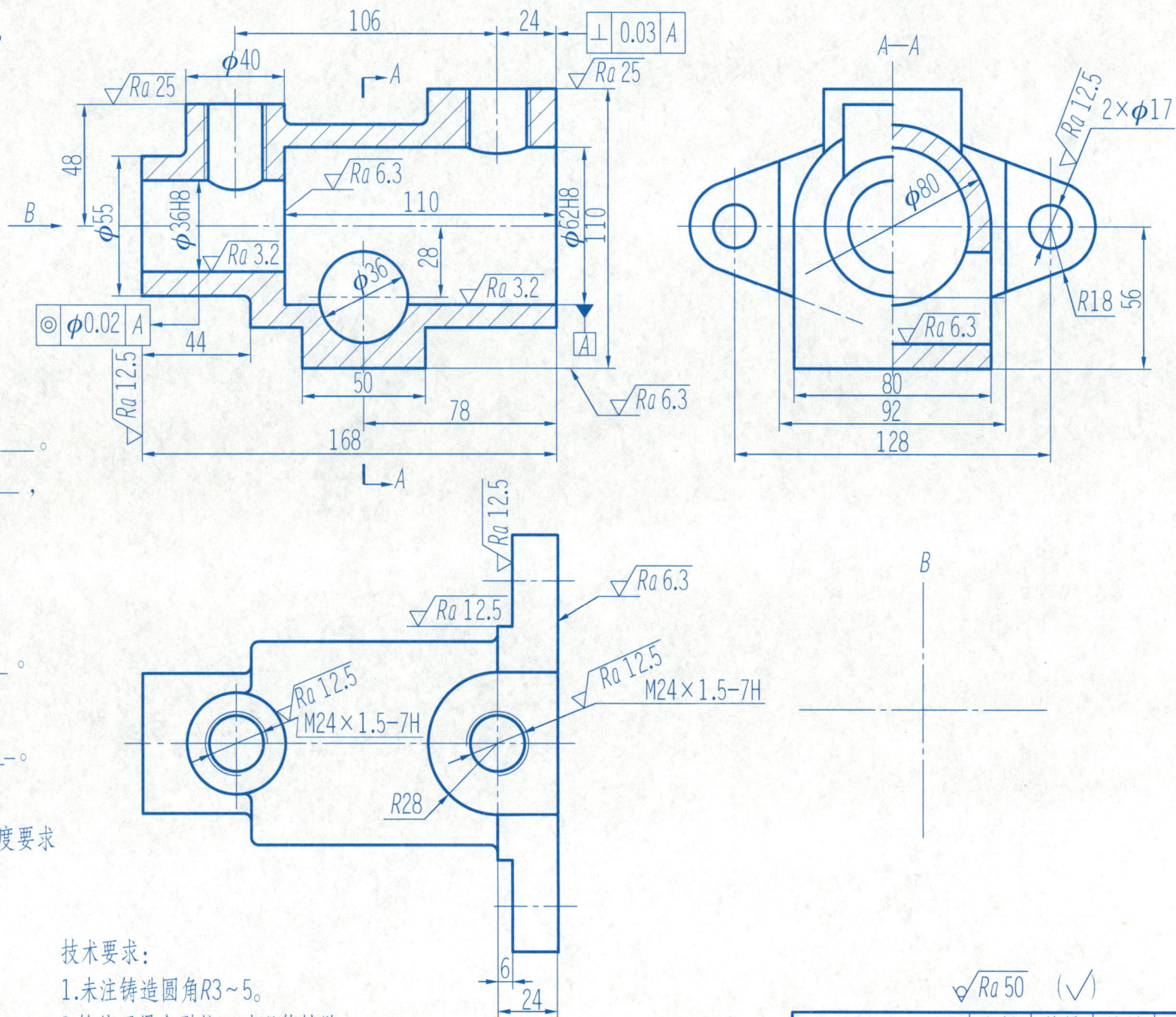

$\sqrt{Ra\,50}$ （√）

壳体	比例	数量	材料	图号
	1:2	1	HT150	04
制图				
审核		（校名）		

8-7 根据给出的轴测图徒手绘制零件图。要求：根据零件结构特点，选择表达方案，并正确标注尺寸、极限与偏差及表面粗糙度（绘图比例1：2）。　　班级　　姓名　　学号

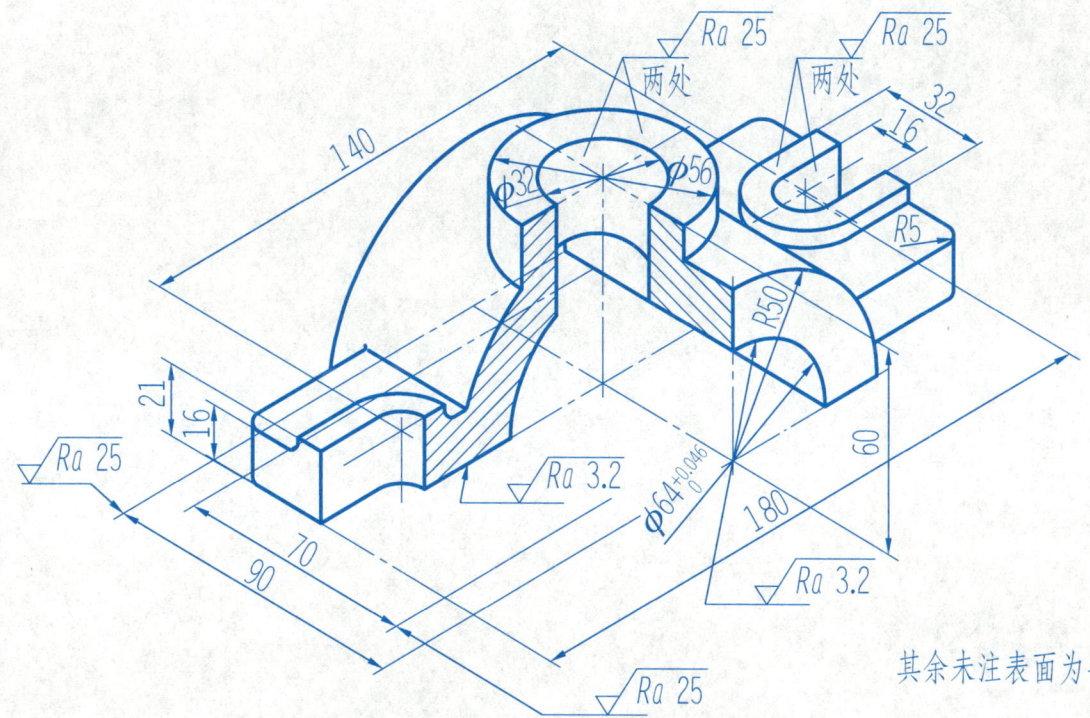

其余未注表面为毛坯面

9-1 装配图的填空、选择题。 班 级 姓 名 学 号

一、填空题

1. 装配图内容包括 _____、_____、_____、_____。

2. 装配图规定画法中，对某些零件的范围和极限位置用 _____ 表示。

3. 基本尺寸相同的配合面，画图时应画 _____。

4. 在装配图中标注五类尺寸是 _____

_____。

5. 两相邻零件的接触表面应画 _____，不接触表面即使间隙很小也 _____。

6. 在装配图中，相邻两个金属零件的剖面线 _____ 或 _____；
同一装配图中的同一零件的剖面线应 _____。

7. 厚度小于或等于2mm的狭小面积的剖面，可用 _____ 代替剖面符号。

8. 紧固件及轴、连杆、球、钩子、键、销等实心零件，若剖切平面通过其对称平面或轴线时，
_____ 绘制，则这些零件均按绘制如需要特别表明零件的结构，如凹槽、键槽、销孔等，
则可用 _____ 图表示。

9. 明细栏直接画在装配图中，明细栏中的序号应按 _____ 的顺序填写，以便发现有漏编
的零件时，可以继续向上画格。

10. 零件序号应按水平或垂直方向排列整齐，序号可按 _____ 或 _____ 方向依次增大。

11. 装配图中的技术要求应包括 _____、_____ 和 _____。

12. 为了保证装配要求，两零件同一方向只能有 _____ 对接触面。

二、选择题

1. 在机器设计过程中是先画出（ ）再由装配图拆画零件图。

A.装配图 B.零件图 C.透视图

2. 一张完整的装配图主要包括以下四方面的内容：一组视图、（ ）、技术要求、标题栏和明细栏。

A.全部尺寸 B.必要尺寸 C.一个尺寸

3. 零件图上所采用的图样画法（如视图、剖视断面等）在表达装配件时是否同样适用？（ ）

A.适用 B.不适用 C.不一定

4. 同一种零件或相同的标准组件在装配图上只编（ ）序号。

A.一个 B.两个 C.三个

5. 装配图中，当对反映装配体装配关系比较重要的零件的形状尚未表达清楚，为了表达该零件，应采用（ ）。

A.局部放大图 B.单独画出该零件 C.忽略该零件

6. 下列哪一种尺寸在装配图中不需要标注（ ）。

A.定形尺寸 B.装配尺寸 C.性能尺寸

7. 装配图中对于螺栓连接中的螺栓、垫圈和螺母标注序号时应（ ）。

A.标注同一序号 B.螺栓、螺母标注同一序号，垫圈必须单独标注

C.可用一个公共指引线引出，再分别加以标注

8. 装配图中的零件除标准件外，其余零件均称为（ ）。

A.非标准件 B. 专用件 C.常用件

9-2 参考千斤顶示意图和说明，根据给出的零件图，画出千斤顶的装配图。　　　　　　班 级　　　　姓 名　　　　学 号

千斤顶示意图说明

　　该千斤顶是一种手动起重、支承装置。扳动绞杠而转动螺杆，则由于螺杆、螺套间的螺纹作用，可使螺杆上升或下降，起到起重、支承的作用。

　　千斤顶底座上装有螺套，螺套与底座间由螺钉固定。螺杆与螺套由矩形螺纹传动，螺杆头部中穿有绞杠，可扳动螺杆传动。螺杆顶部的球面结构与顶垫的内球面接触起浮动作用。螺杆与顶垫之间有螺钉限位。

千斤顶装配示意图

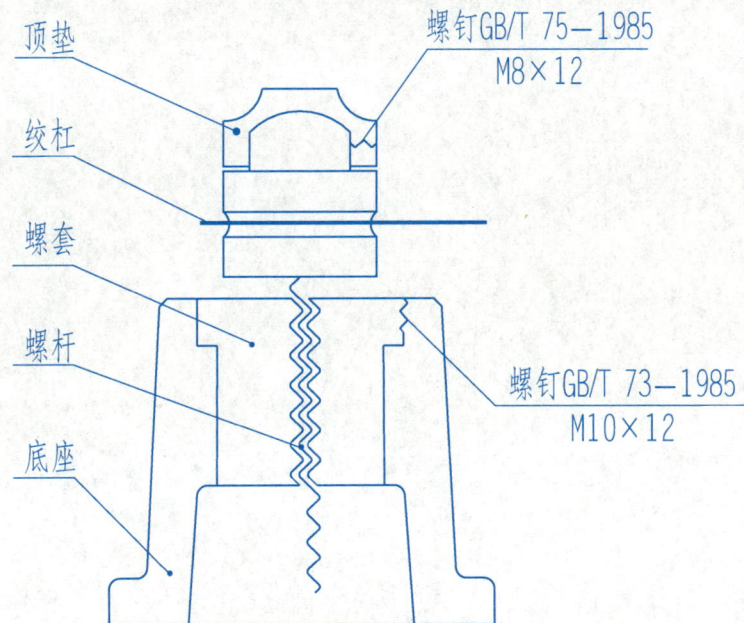

顶垫
绞杠
螺套
螺杆
底座

螺钉GB/T 75—1985
M8×12

螺钉GB/T 73—1985
M10×12

千斤顶	01-00

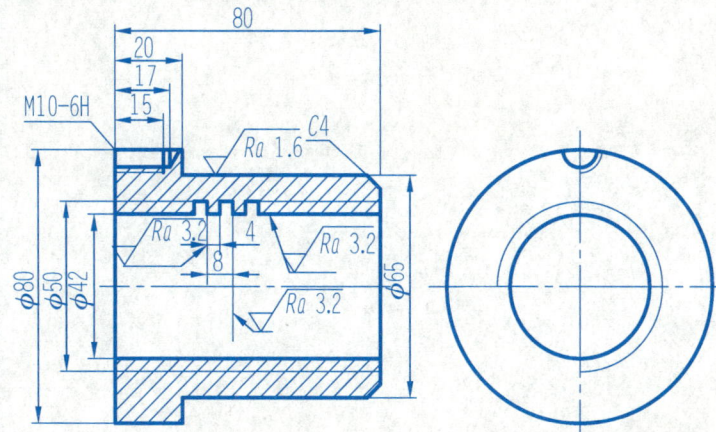

$\sqrt{Ra\ 6.3}(\checkmark)$

螺套	ZCuAL10Fe3
	01-03

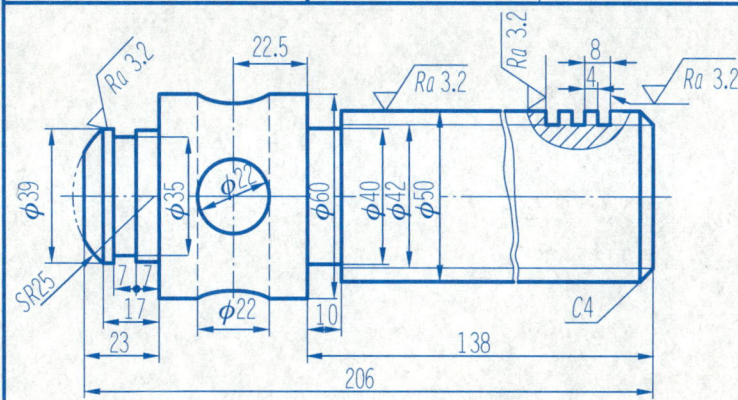

$\sqrt{Ra\ 6.3}(\checkmark)$

螺杆	45
	01-02

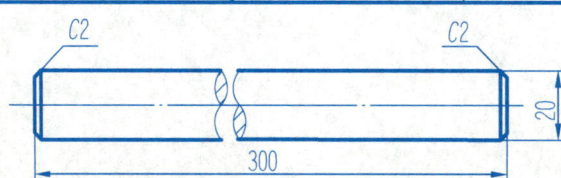

$\sqrt{Ra\ 6.3}(\checkmark)$

绞杠	35
	01-04

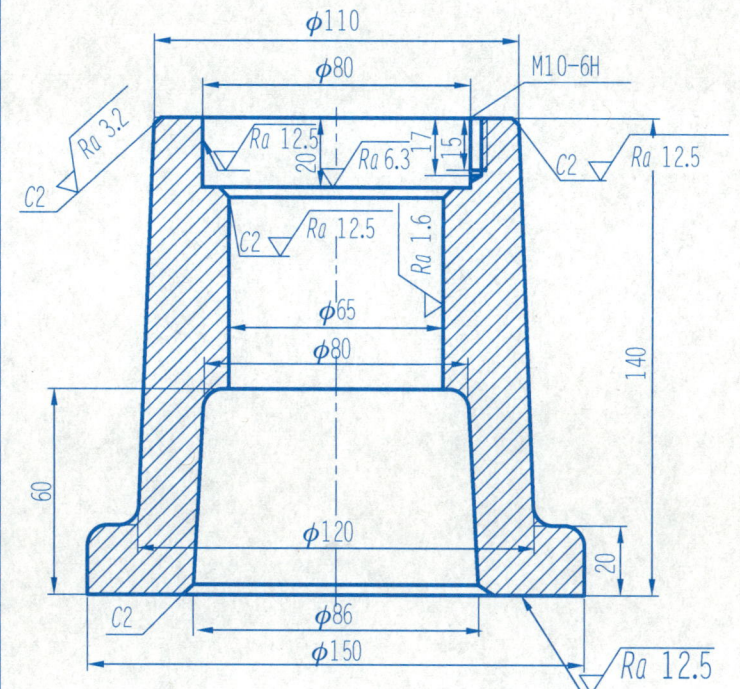

未注圆角R2~R4。　$\sqrt{Ra\ 50}(\checkmark)$

底座	HT200
	01-01

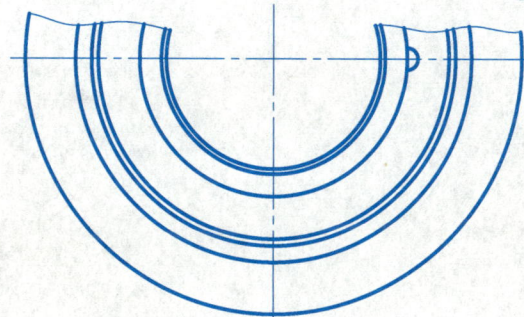

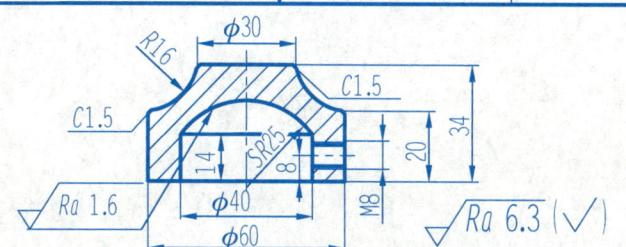

$\sqrt{Ra\ 6.3}(\checkmark)$

顶垫	HT200
	01-05

9-3 识读截止阀装配图，并填空回答问题。

班 级　　　姓 名　　　学 号

1. 分析装配图的表达方法，主视图采用了_____，
　俯视图为_____，B—B为_____。

2. 截止阀共由_____个零件组成，其中标准件____个。

3. 按装配图的尺寸分类，写出截止阀的安装尺寸_____，
　装配尺寸_____，外形尺寸_____，性能尺寸
　_____。

4. 零件3上共有____处螺纹，分别与零件____和零件____旋合连接。

5. 说明零件5的名称_____，材料_____，作用_____。

6. 零件6属_____件，其国家标准编号_____。

7. 根据尺寸φ18H11/c11，在零件图中，轴上尺寸标注为_____，
　孔上尺寸标注为_____，该配合为_____制的_____
　配合，公差等级为_____。

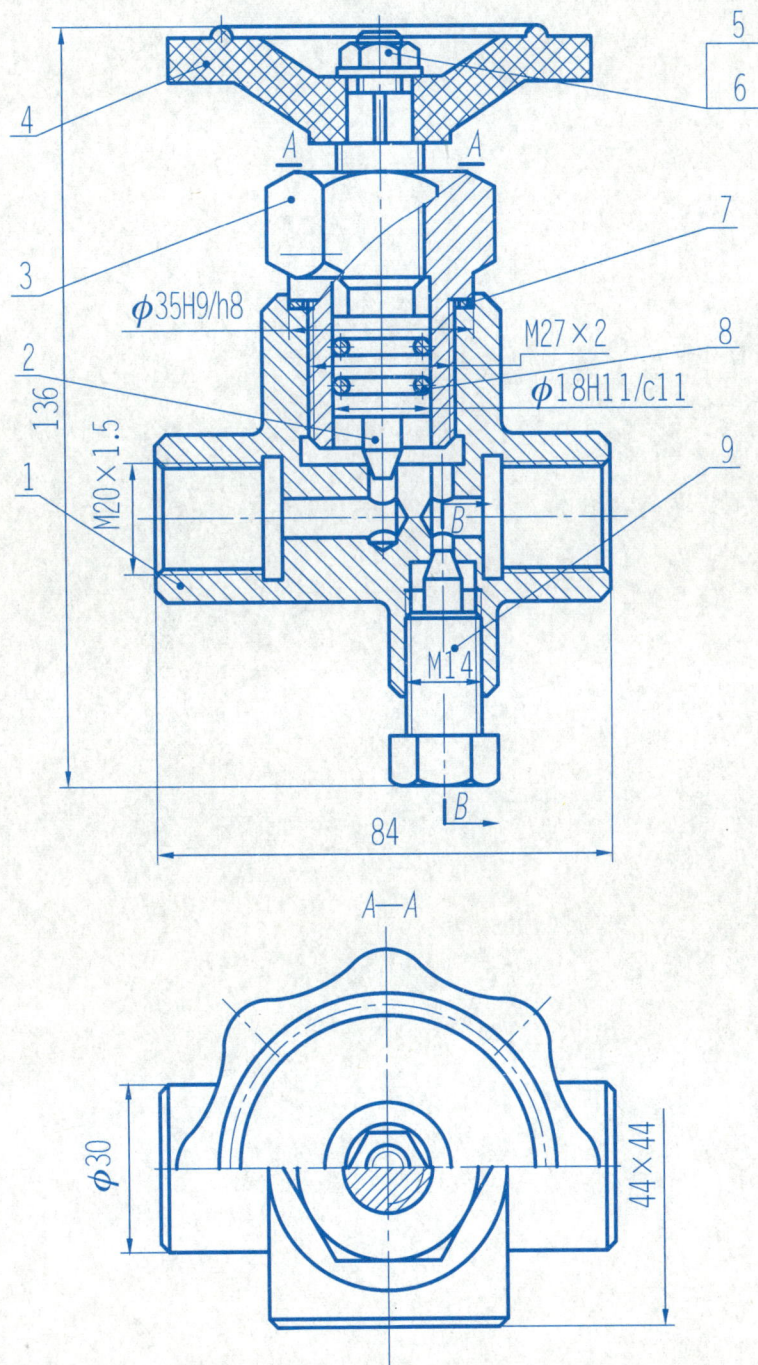

截止阀工作原理

截止阀是采油井口装置中的一个部件，它的一端与闸阀(控制钻井时所出泥浆与截止阀相通或中断的部件)相连；另一端与压力表(测定泥浆压力的一个装置)相连。

当转动手轮4时，阀杆2在填料盒3的螺孔中上下移动，以启闭阀体与压力表相通的孔道。如需调整压力表指针时，可逆时针旋转泄压螺钉9，使其向下移动，致使M14螺孔中的φ4小孔能泄去液体压力，而使压力表的指针调到零刻度线。

阀杆与填料盒之间的O形密封圈8，以及填料盒与阀体之间的密封垫7，是为了防止泥浆泄漏而设置的。

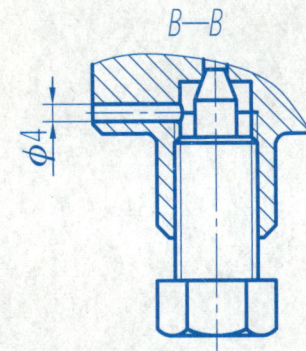

9	泄压螺钉	1	2Cr13	
8	O形密封圈	2	丁氰橡胶	GB/T 3452.1—2005
7	密封垫圈	1	T2	
6	螺母	1	35	GB/T 6170—2000
5	垫圈	1	35	GB/T 97.1—2002
4	手轮	1	胶木	
3	填料盒	1	45	
2	阀杆	1	2Cr13	
1	阀体	1	45	
序号	名称	数量	材料	备注

截止阀　比例 1:1　第 页　图号　03-00　重量　共 页

制图　审核

9-4 识读铣刀头装配图,并填空回答问题。

| 班级 | 姓名 | 学号 |

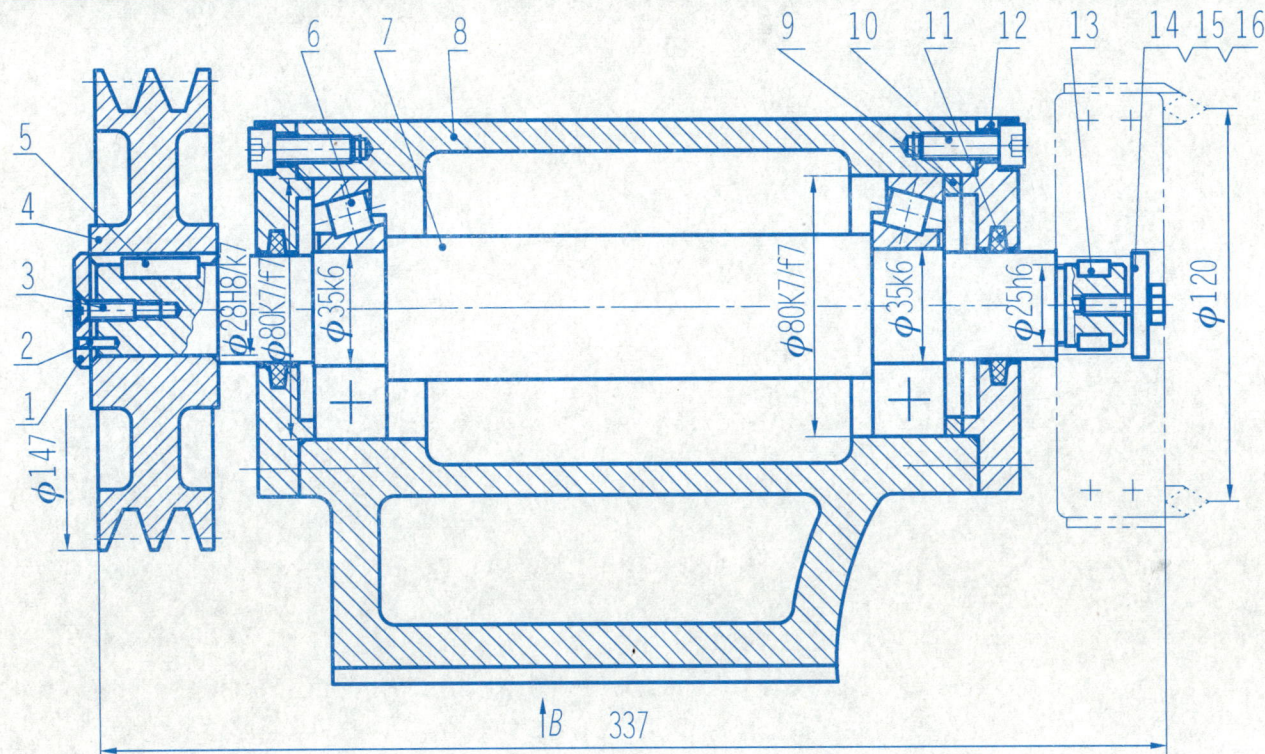

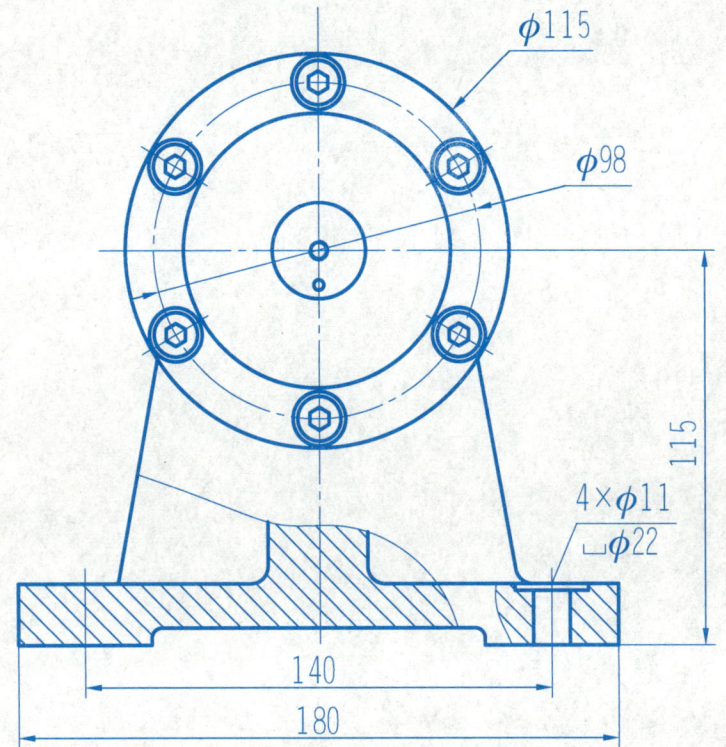

件8的B向视图

技术要求:

1.轴承用专用润滑脂润滑。

2.安装调试后试运行,运行过程要转动平稳、无杂音。

3.部件表面要做防锈处理。

1.该装配图采用了_____特殊表达方法。

2.铣刀头共由____个零件组成,其中标准件___个。

3.按装配图尺寸分类,写出铣刀头的安装尺寸___;装配尺寸

_____;外形尺寸_____;性能尺寸_____。

4.零件8的B向视图作用是_____。

5.装配图上有___处螺纹连接。螺纹紧固件采用____画法。

6.图中 $\frac{4\times\phi11}{\sqcup\phi22}$ 的含义是_____。

7.根据尺寸 $\phi80H7/f7$,该配合为____制的____配合,

公差等级为___。

16	螺栓M6	1	Q235	GB/T 5783—2000
15	弹簧垫圈6	1	65Mn	GB/T 93—1987
14	挡圈	1	35	
13	键	1	45	GB/T 1096—2003
12	端盖	2	35	GB/T 891—1986
11	毡圈	2	HT200	GB/T 891—1986
10	螺钉M8	12	羊毛毡	
9	调整环	1	35	
8	座体	1	HT200	
7	轴	1	45	

6	轴承30307	1	GCr15	GB/T 297—1994
5	键8×24	1	45	GB/T 1096—2003
4	带轮A型	1	HT150	
3	螺钉M6×18	1	35	GB/T 68—2000
2	销3×12	1	35	GB/T 119.1—2000
1	挡圈	1	35	
序号	名称	数量	材料	备注

	铣刀头	比例	1:2	第 页	图号
		重量		共 页	04-00
制图					
审核					

9-5 识读钻模装配图，并填空、作图。　　　　班 级　　　　姓 名　　　　学 号

1.钻模由___ 种共___ 个零件组成，其中标准件有___个。

2.钻模用了___ 个图形表达，其中主视图采用了_____

　　和____。

3.零件2钻模板上有___个___的钻套孔，该孔的定位尺寸是

　　____。

4.零件3钻套的材料是____，主要作用是_____。

5.图中细双点画线表示_____。

6.零件1底座上有_____圆弧槽，其作用是_____，

　　底座与被加工件的定位尺寸是____。

7.尺寸ϕ38H7/k6是零件____和零件____之间的_____尺寸，

　　它们属于_____制配合，其中H7表示_____的公差带代号，

　　n6表示_____的公差带代号。

8.在A3图纸上拆画零件1底座的零件图。

ϕ110

ϕ16H7/h6

3×ϕ10

ϕ32H7/k6
ϕ38H7/k6

ϕ20H7/k6

ϕ98

ϕ245

4
5
3
6
2
7
1
8
9

ϕ82

ϕ60

114

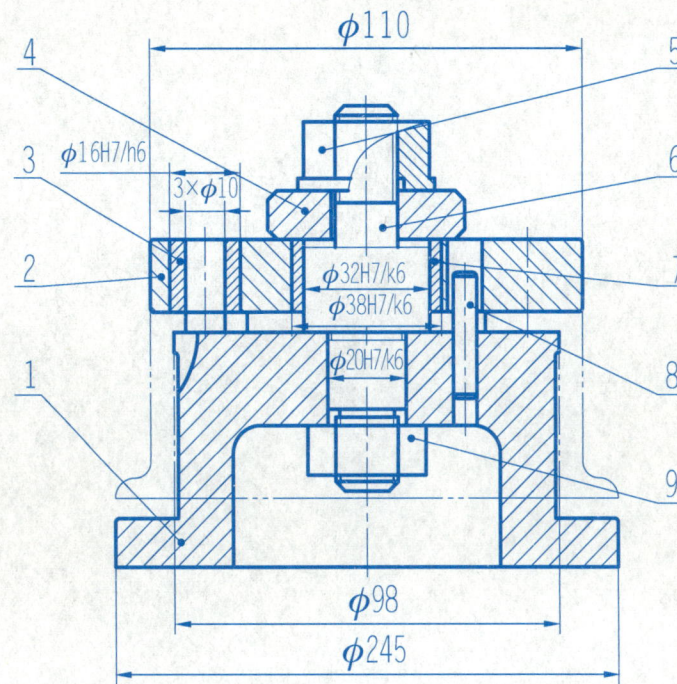

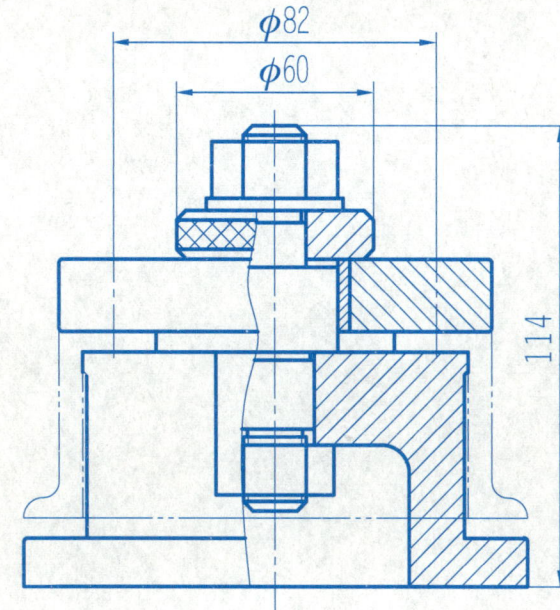

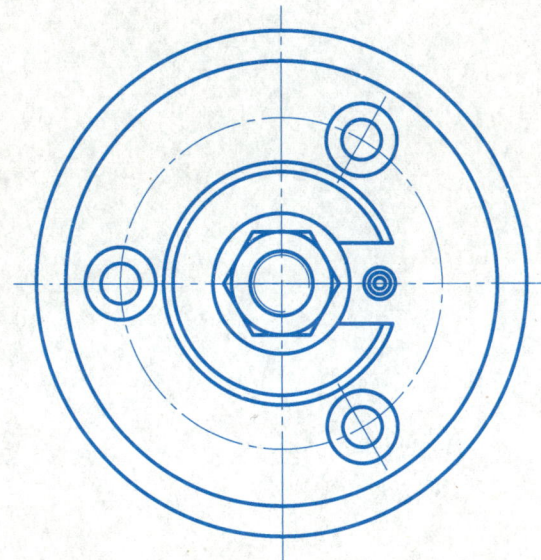

9	螺母	1	45	GB/T 6170—2000
8	销	2	45	GB/T 119.1—2000
7	衬套	1	Q235	
6	轴	1	40	
5	特制螺母	1	45	
4	开口垫圈	1	45	
3	钻套	1	45	
2	钻模板	1	45	
1	底座	1	HT300	
序号	名称	数量	材料	备注

钻模		比例	1：1	第 页	图号
		重量		共 页	05-00
制图					
审核					

9-6 识读柱塞泵装配图，在A3图纸上拆画零件1泵体的零件图。

班 级　　　　　姓 名　　　　　学 号

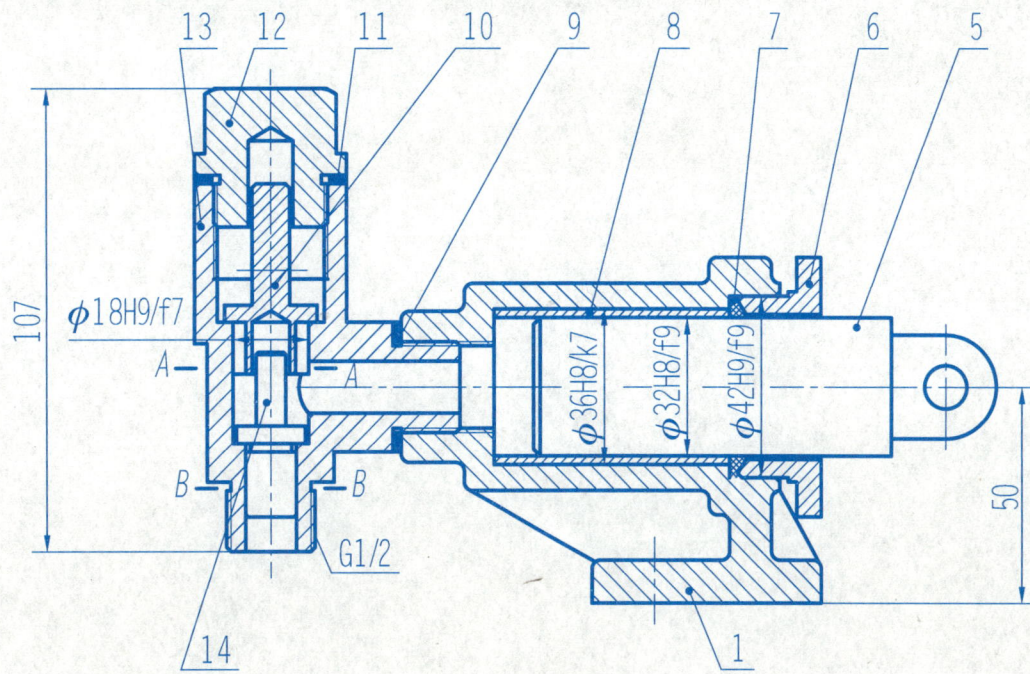

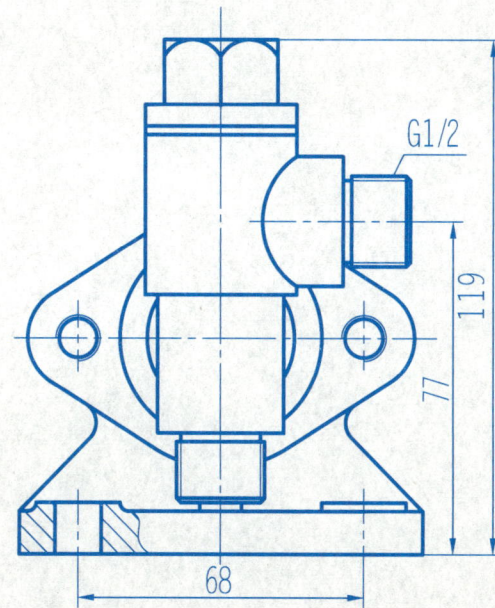

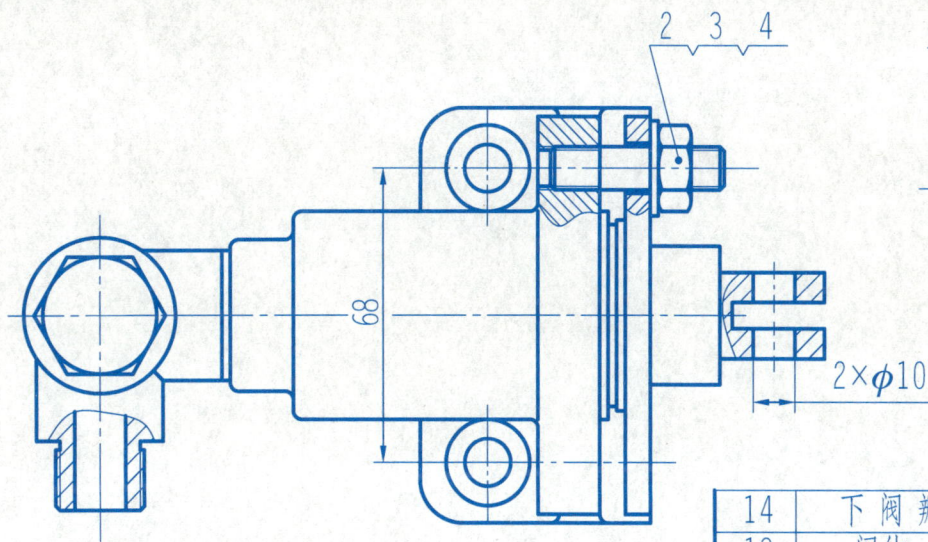

零件10 A—A
2:1

零件14 B—B
2:1

柱塞泵工作原理

　　柱塞泵是用来提高输送液体压力的供油部件，当柱塞泵往复运动时，液体由下阀瓣14处进入，上阀瓣10处流出。柱塞5与衬套8之间为间隙配合，当柱塞在外力推动下向右移动时，油腔体积增大形成负压，油箱中的液体在大气压的作用下推开下阀瓣14进入油腔，而上阀瓣10紧紧关闭，当柱塞5左移时，油腔体积变小，压力增大，下阀瓣14关闭，上阀瓣10打开，液体流出，由于柱塞5的往复运动，液体不断地从油箱中输送到系统中。

技术要求：
1.用手移动柱塞，无阻塞现象。
2.柱塞泵装配后在规定的压力下进行试验，在阀体的出油口达到规定的压力，方可使用。
3.柱塞泵在试压过程中，各接头处应无渗油现象。

序号	名称	数量	材料	备注
14	下阀瓣	1	45	
13	阀体	1	45	
12	阀盖	1	35	
11	垫片	1	HT200	
10	上阀瓣	1	羊毛毡	
9	垫片	1	35	
8	衬套	1	HT200	
7	填料	1	45	
6	填料压盖	1	40	
5	柱塞	1	45	
4	螺柱M10X30	2	45	GB/T 898-1988
3	垫片10-140HV	2	45	GB/T 97.1-2002
2	螺母M10	2	45	GB/T 6170 -2000
1	泵体	1	HT300	
序号	名称	数量	材料	备注

	柱塞泵	比例	1:1	第 页	图号
		重量		共 页	06-00
制图					
审核					

10-1 建筑施工图基本知识。　　　　　　　　　　　　　　　　　班 级　　　　　姓 名　　　　　学 号

一、填空题

1.建筑施工图中，所标注的尺寸一般以_____为单位。

2.建筑施工图中所标注的坡度符号为单面箭头，箭头应指向_____方向。

3.建筑施工图中应在指北针的尖端标注_____或_____。

4.建筑施工图中所注比例字高比所注图名字高小_____号或_____号。

5.建筑平面图中，代号M表示_____，代号C表示_____。

6.建筑平面图是假想用水平剖切面经过门窗洞口处_____。

7.建筑平面图中的外部尺寸一般标注三道尺寸，中间一道尺寸应标注_____尺寸。

8.建筑平面图中所标注的门窗尺寸是指门窗的_____尺寸。

9.从建筑立面图中可了解房屋外墙面的划分及_____等情况。

10.在建筑立面图中，为了使立面层次分明，绘图时用_____种实线。

11.在建筑平面图、立面图、剖面图及详图中，标高以m(米)计，并在小数点后注_____位。

12.标高有相对标高和绝对标高之分，我国绝对标高零点为_____，相对标高零点为_____。

13.建筑剖面图主要用于表达建筑物的分层情况_____、_____及各部分竖向尺寸。

14.详图索引符号 ⑤／② 中，其中5的含义是_____，2的含义是_____。

15.平面图中竖直方向的定位轴线从_____的顺序编写，用_____表示。

16.若一幢多层房屋的各层平面布置都不一样，应分别画出_____的建筑平面图，若各层平面布置完全相同，其中间层可用一个平面图来表示，称为_____平面图。

17.定位轴线是确定房屋主要承重构件，如墙、_____、_____或屋架等结构构件位置的定位线。

18.房屋施工图主要分为_____、_____、_____三大类。

二、选择题

1.用来确定新建房屋的位置、朝向以及周边环境关系的是(　　)。

　A.建筑平面图　　　　B.建筑立面图　　　　C.总平面图

2.建筑平面图、立面图、剖面图常用的绘图比例为(　　)。

　A.1：20、1：50　　B.1：50、1：100　　C.1：200、1：500

3.建筑平面图的水平剖切位置在(　　)。

　A.窗台上方、经过门窗洞　B.楼面上、窗台下　C.窗洞上、顶棚下

4.建筑平面图中的剖到部分的轮廓线，应采用(　　)绘制。

　A.中实线　　　　　　B.细实线　　　　　　C.粗实线

5.建筑施工图中细点画线一般表示(　　)。

　A.定位轴线　　　　　B.不可见轮廓线　　　C.尺寸线

6.在建筑施平面图中，位于2和3轴线之间的第一根附加轴线的正确表达为(　　)。

　A. ①／③　　　　　B. ①／②　　　　　C. ②／①

7.建筑施工图中定位轴线端部的圆用细实线绘制，直径为(　　)。

　A.8~10mm　　　　　B.11~12mm　　　　　C.12~14mm

8.已知建筑平面图采用的是1：100比例，如在图上量得长度为500mm，则其实际长度是(　　)。

　A.5m　　　　　　　B.50m　　　　　　　C.500m

9.填充材料图例符号不得穿越尺寸数字，不可避免时，应该是(　　)。

　A.断开图线　　　　　B.二者重合　　　　　C.省略标注

10.建筑施工图中标注的标高尺寸是以(　　)为单位。

　A.cm　　　　　　　B.m　　　　　　　　C.mm

10-2 建筑施工图综合训练。

| 班级 | 姓名 | 学号 |

作业指导

阅读第66~71页某住宅的建筑平面图、立面图、剖面图和详图，并分别完成题目要求的内容。

一、目的

1.熟悉一般民用建筑的建筑平、立、剖面图的表达内容和图示特点。

2.熟悉并遵守《建筑制图》标准的各项规定。

3.学习并掌握建筑平、立、剖面图的画图方法和步骤。

4.学习掌握识读建筑施工图的方法和步骤。

二、内容

1.识读66~71页建筑施工图。

2.抄绘习题集第66页底层建筑平面图。

三、图幅、比例

1.图幅：A3。

2.比例：建筑平面图、立面图 1：100；剖面图 1：50。

四、要求

1.布图匀称，作图准确，图线粗、中、细分明，同种线型宽度一致，字体端正，图面整洁。

2.各图样的绘图步骤应在绘图前参阅教材中的相关内容。

3.建议粗实线线宽约为0.7mm，中实线和虚线线宽约为0.35mm，细实线、点画线、尺寸线、尺寸界线线宽约为0.18mm。

4.汉字采用长仿宋体，图名、标题栏中的校名及图名用10号，图中汉字和定位轴线中的数字、字母用5号，尺寸数字、标高数字用3.5号，门、窗编号用3.5号。

五、说明

1.绘制各图样时，应仔细阅读该住宅的建筑平面图、立面图、剖面图及详图，找出其相关部分的投影关系及尺寸联系。例如：平面图中未注出的细部尺寸可查阅建筑详图，绘制立面图门窗尺寸及定位应参照平面图等。

2.图中卫生器具、厨房设备等可按比例示意绘制。

门窗统计表

代号	名称	洞口尺寸	数量	备注
C-1	四腔三密封塑料窗	1500×1500	16	
C-2	四腔三密封塑料窗	1350×1500	4	
C-3	四腔三密封塑料窗	2400×1500	4	
C-4	四腔三密封塑料窗	1050×1500	4	
C-5	四腔三密封塑料窗	1900×1500	8	
C-6	四腔三密封塑料窗	1200×1500	11	
C-7	四腔三密封塑料窗	600×1500	8	
C-8	四腔三密封塑料窗	900×1500	8	
C-9	四腔三密封塑料窗	1200×900	8	
CM-1	四腔三密封塑料平开门	2400×2400	8	
DJM-01	电子对讲门	1200×2100	1	
FHM-1	乙级防火门	1000×2100	12	
M-1	木门	900×2100	28	
M-2	木门	800×2100	8	
TLM-1	板式推拉门	700×2100	8	
TLM-2	铝合金推拉门	800×2100	4	
TLM-3	铝合金推拉门	900×2100	4	
TLM-4	铝合金推拉门	90×2100	4	
FHM-2	丙级防火门	800×1800	4	

10-3 住宅底层平面图。　　　　　　　　　　　　　　班 级　　　　姓 名　　　　学 号

24240

3300　3000　2600　1800　2600　1800　2600　3000　3300

120 900 1900 500 600 1500 900 600 1200 800 600 900 700 1200 700 900 600 800 1200 600 900 1500 600 500 1900 900 120

300　2600　300

1

-1.000

-0.900

C-5　C-1　C-6　C-7　DJM-1　C-7　C-6　C-1　C-5

1200

厨房1　-0.900　厨房1

卧室　TLM-2　卧室　卫生间　卫生间　卧室　TLM-2　卧室

餐厅　下6 上18　餐厅

900 60　900 800　±0.000　800 900

M-1　180 180　M-2　M-2　180 180　M-1

E

衣橱　洞高2100　设备井　衣橱

TLM-1　M-1　FHM2　M-1　TLM-1

D

C-8　700 700 580 900 60　FHM-1 1000　710 900　C-8

卧室　客厅　卧室　起居室　客厅　卧室

180　洞高2100

TLM-3　卫生间

厨房2

TLM-4

CM-1

C　B　A

C-1　CM-1　C-2　C-4　C-1

C-3

1

9840　1900　900 800　200　3000　600 600　600 600

2900　600 120　600　2900　600

120 900 1500 900 750 2400 750 900 1350 900 600 2400 600 900 1050 900 750 2400 750 900 1500 900 120

3300　3900　3150　3600　2850　3900　3300

24240

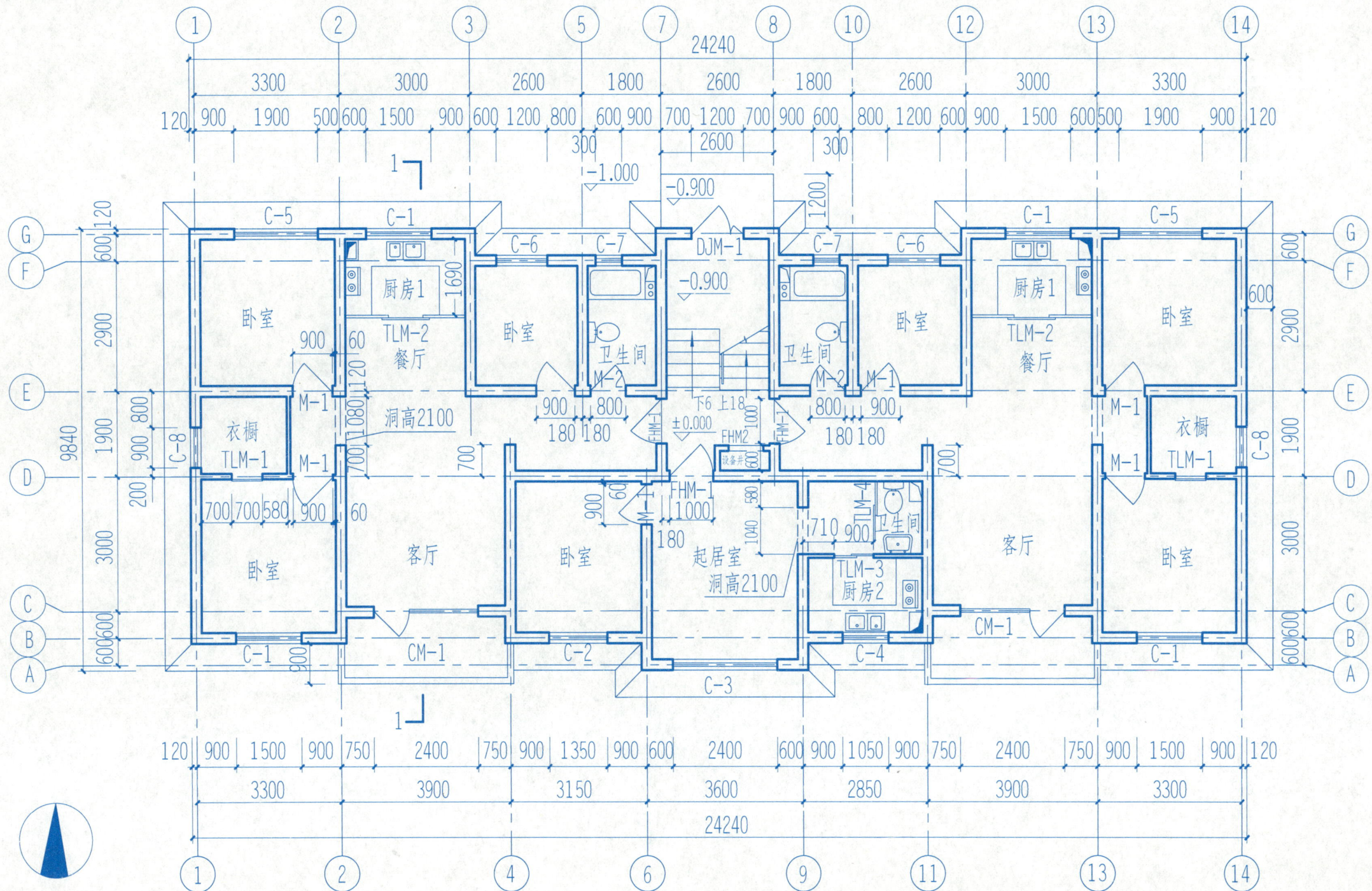

底层平面图 1:100

66

10-4 住宅二、三层平面图。 　　　　　　　　　　　　　　　班 级　　　　姓 名　　　学 号

24240

3300　　3000　　2600　　1800　　2600　　1800　　2600　　3000　　3300

120 900 1900 500 600 1500 900 600 1200 800 600 900 700 1200 700 900 600 800 1200 600 900 1500 600 500 1900 900 120

300　　　2600　　　300

4.350
1.450

1200

C-5　　C-1　　C-9　　C-1　　C-5

G 600 120　　　　　　　　　　　　　　　C-6　　C-7　　　　　　　　C-7　　C-6　　　　　C-1　　　　　　G 600
F　　　　　　　　　　　　厨房1　　　　　　　　　　　　　　　　　　　厨房1　　　　　　　　　　F

卧室　　　　1690　　卧室　　卫生间　　　　卫生间　　卧室　　　　　　　　卧室

2900　　　　　TLM-2　　　　　　　　　　　　　　　　　　TLM-2　　　　　　　　2900

900 60　　餐厅　　　　M-1 M-2　　　M-2 M-1　　　　餐厅

E　　　　　　M-1　　　　　　　　　　　下18 上18　　　　　　　　　　　　M-1　　　E

900 080 120　　洞高2100　　900 800　　±0.000　　800 900

衣橱　　C-8　　　　　　180 180　　　　　180 180　　　　　　衣橱　　C-8

9840 1900　　TLM-1　　M-1　　　700　　FHM2 600　　　700　　　M-1　　TLM-1　　　1900

200 900 800　　　　　　　　　　　　设备井

D　　　　　　　　　　700　　　　　　　M-1　　　　　　　　　700　　　　　　　D

700 700 580 900 60　　　　900 60　　　　　　　　　　　　M-4

3000　　卧室　　　客厅　　　卧室　　FHM-1　　起居室　　　　卫生间　　　客厅　　卧室　　3000

　　　　　　　　　　　　M-1 1000　　　　TLM　　　　　　　　　

　　　　　　　　　　　　180　　洞高2100　　710 900　　TLM-3

C　　　　　　　　　　　　　　　　　　　　　　厨房2　　　　　　　　CM-1　　　　　C 600
B 600　　　　　　　　　　　　　　　　　　　　　　　　　　　　　　　B 600
A　　C-1　　900　　CM-1　　C-2　　　　C-4　　　　C-1　　　　A

C-3

120 900 1500 900 750 2400 750 900 1350 900 600 2400 600 900 1050 900 750 2400 750 900 1500 900 120

3300　　3900　　3150　　3600　　2850　　3900　　3300

24240

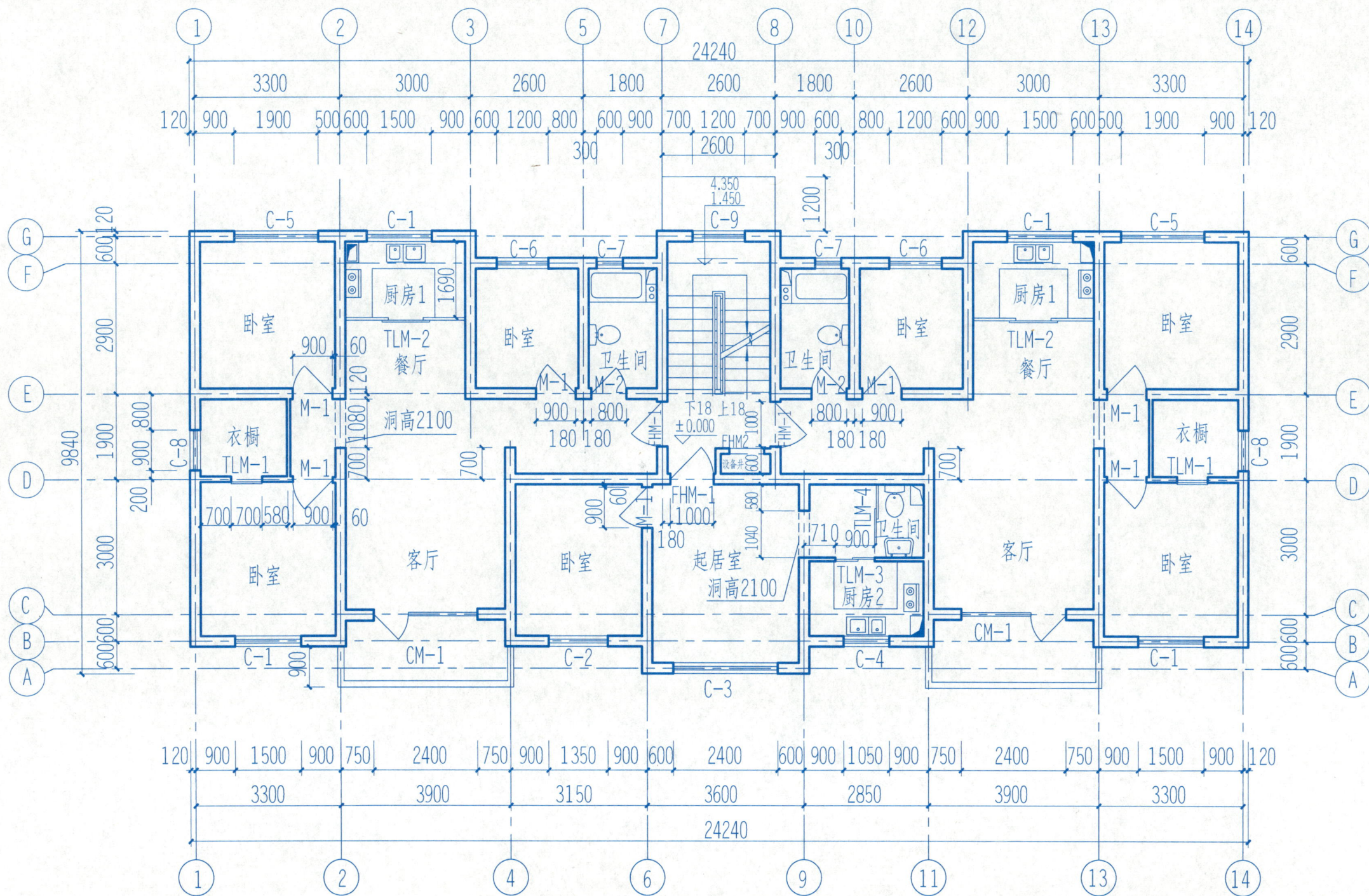

二、三层平面图 1:100

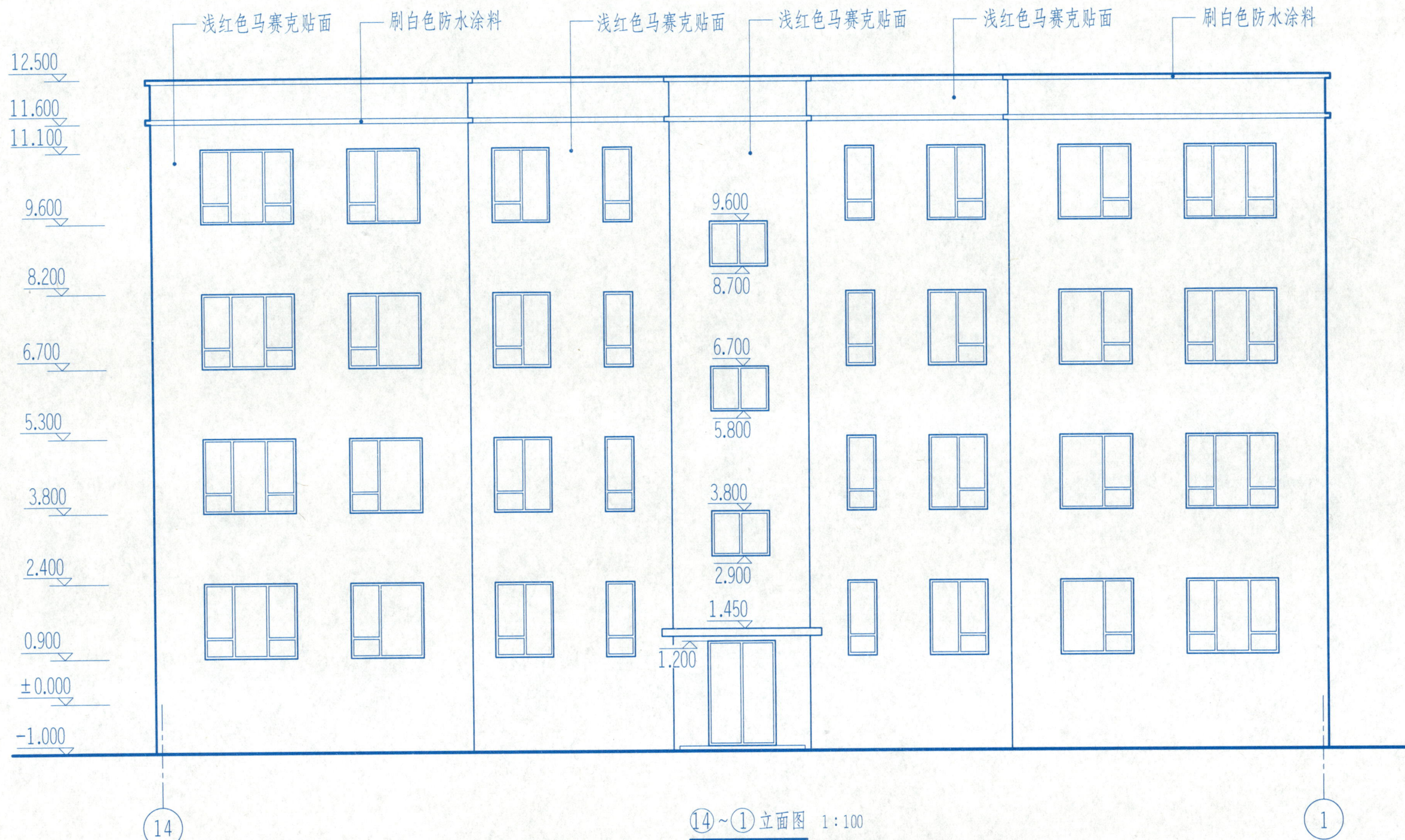

10-5 住宅⑭~①立面图。 班 级　　　　姓 名　　　　学 号

浅红色马赛克贴面　　刷白色防水涂料　　浅红色马赛克贴面　　浅红色马赛克贴面　　浅红色马赛克贴面　　刷白色防水涂料

12.500

11.600

11.100

9.600

8.200

6.700

5.300

3.800

2.400

0.900

±0.000

-1.000

9.600

8.700

6.700

5.800

3.800

2.900

1.450

1.200

⑭

①

⑭~①立面图　1:100

10-6 住宅 Ⓖ~Ⓐ立面图。

浅红色马赛克贴面　刷白色防水涂料　浅红色马赛克贴面　刷白色防水涂料

12.500

11.100

11.600

9.600

8.700

8.200

8.200

6.700

5.800

5.300

5.300

3.800

2.900

2.400

2.400

0.900

±0.000

±0.000

−1.000

12.500

11.100

9.600

8.200

6.700

5.300

3.800

2.400

0.900

−1.000

900　900

500

2900　2400

500

2900　2400

500

13500

2900　2400

500

2900　2400

500

1000　500

900　900

1500　500　900

2900

1500　500　900

2900

1500　500　900

2900

1500　500　900

2900

500　500　900

1000

2100　2100　2100　2100

4900　3500

Ⓖ　Ⓐ

Ⓒ　Ⓔ　Ⓖ

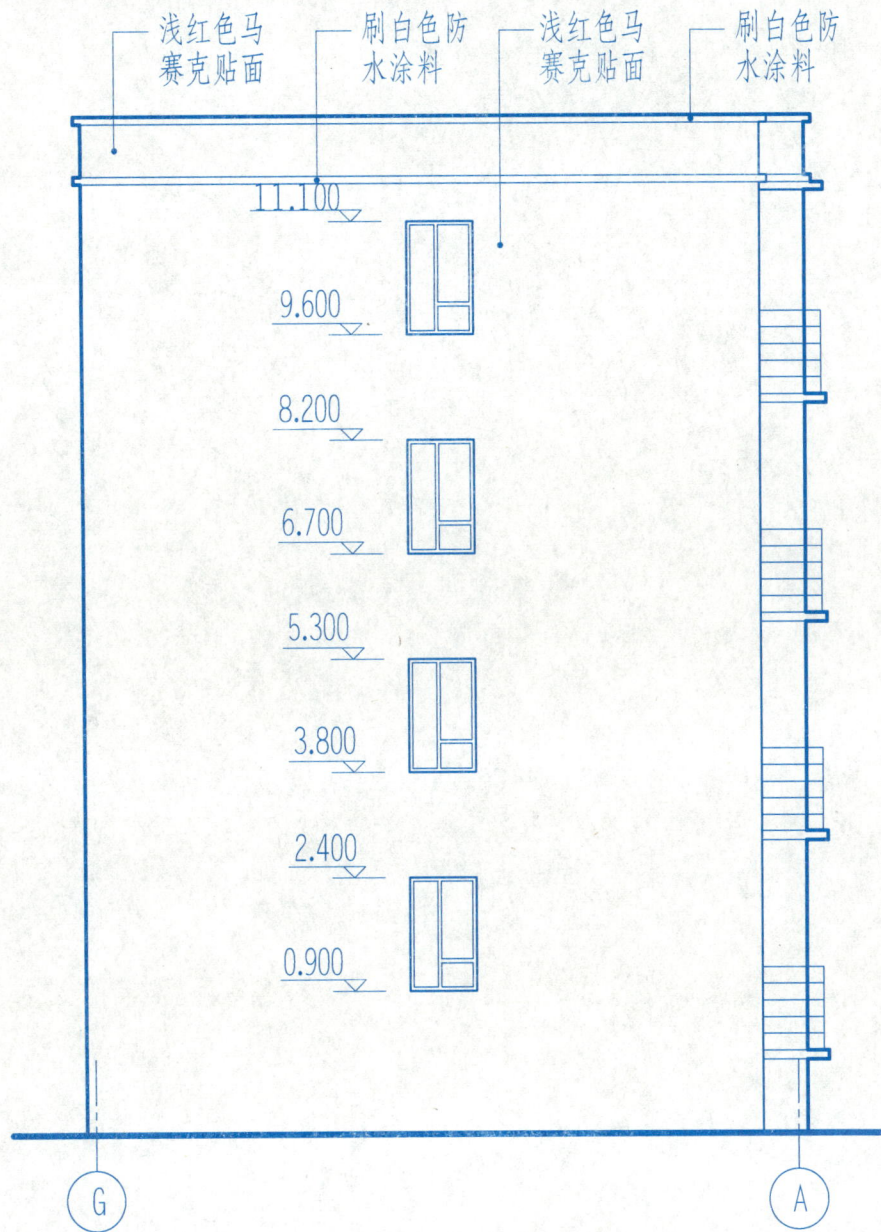

Ⓖ~Ⓐ立面图 1:100

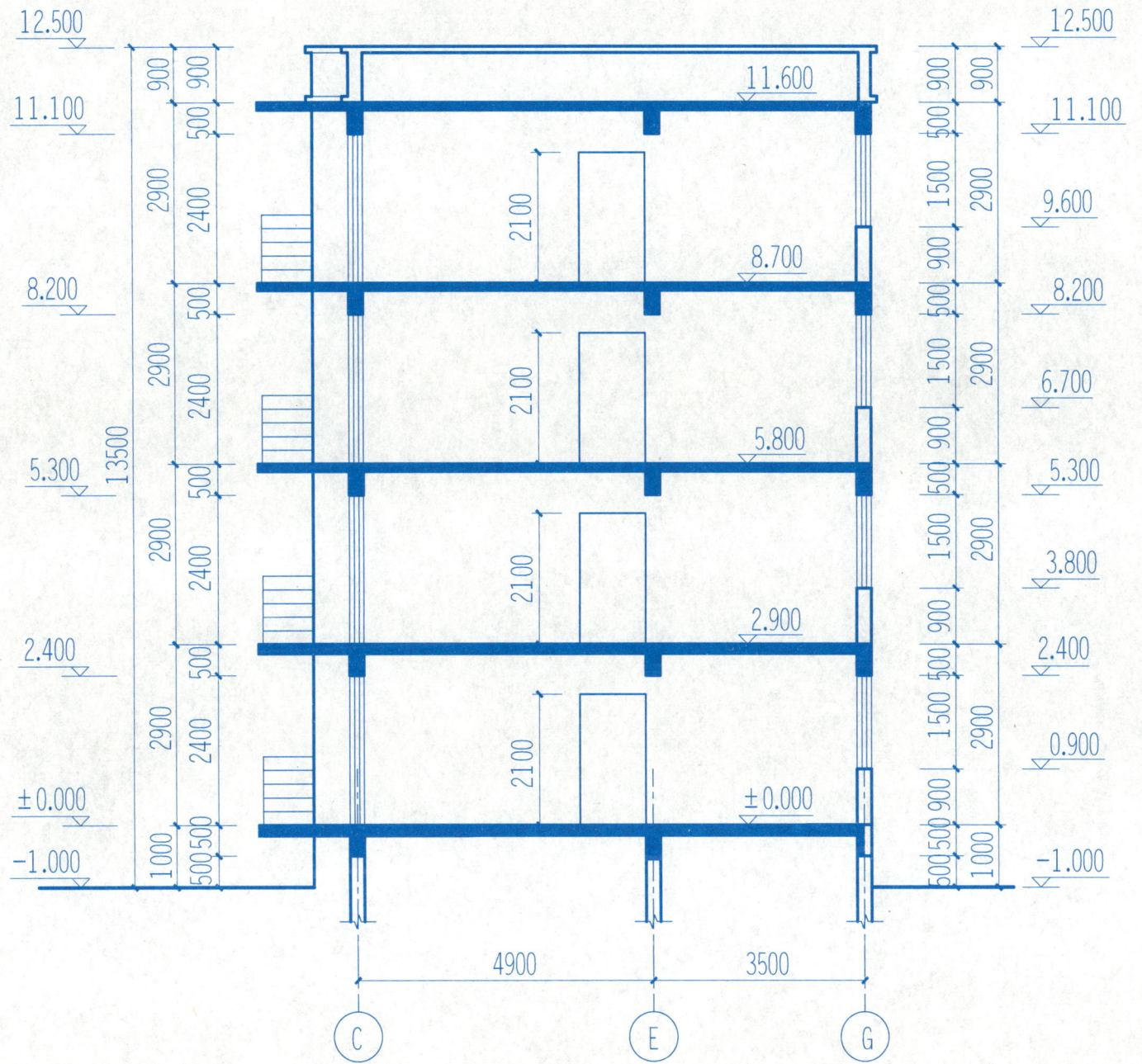

1-1 剖面图 1:100

10-7 住宅详图。

底层楼梯平面图 1:50

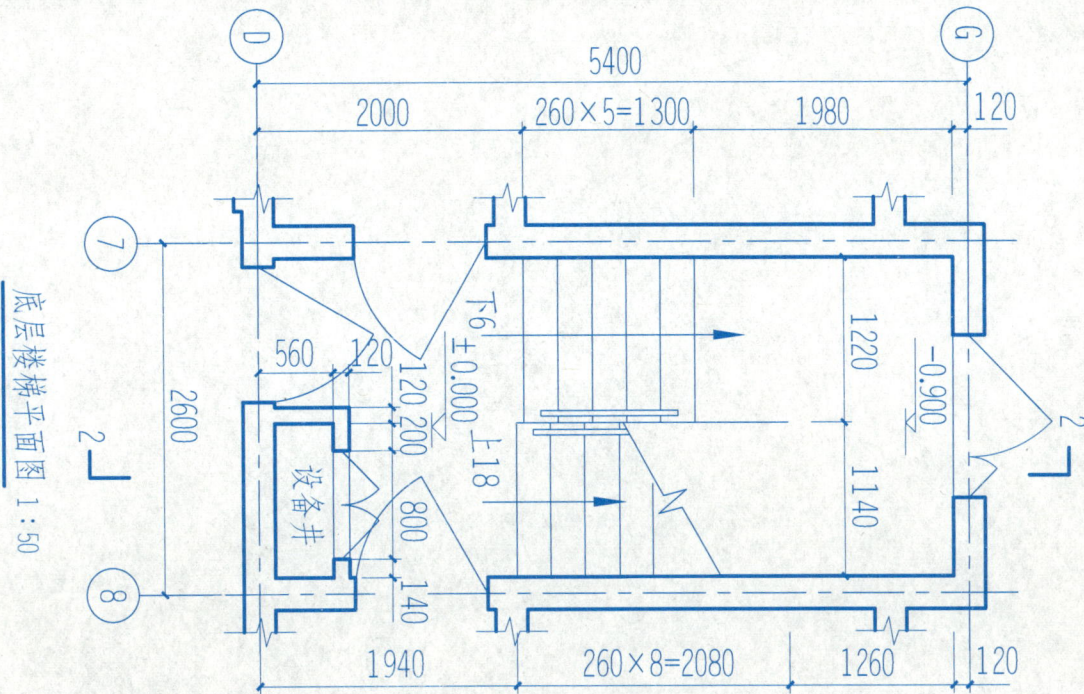

二、三层楼梯平面图 1:50

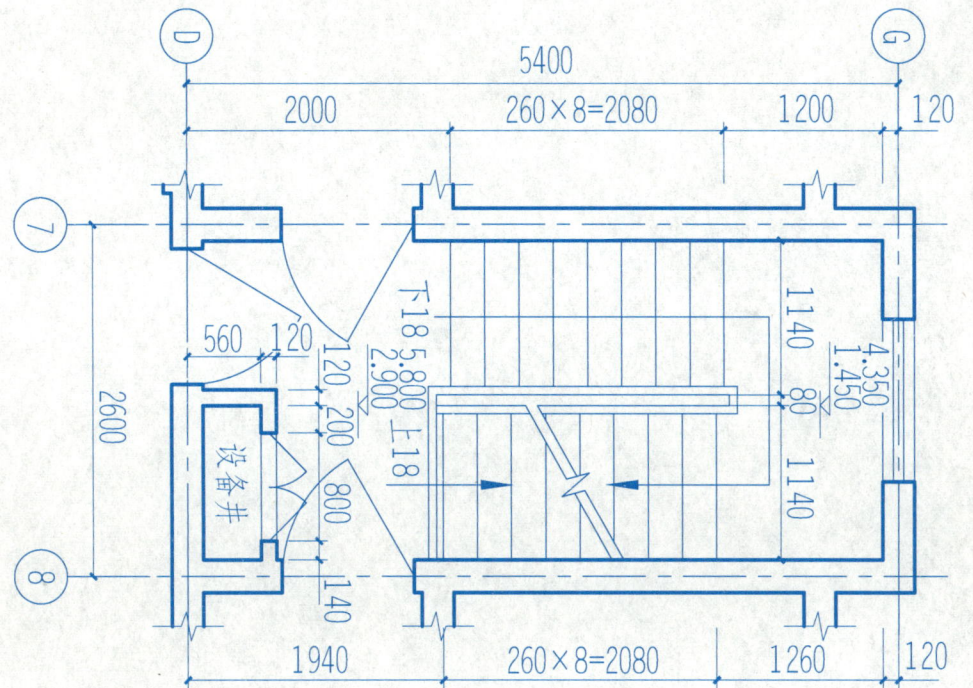

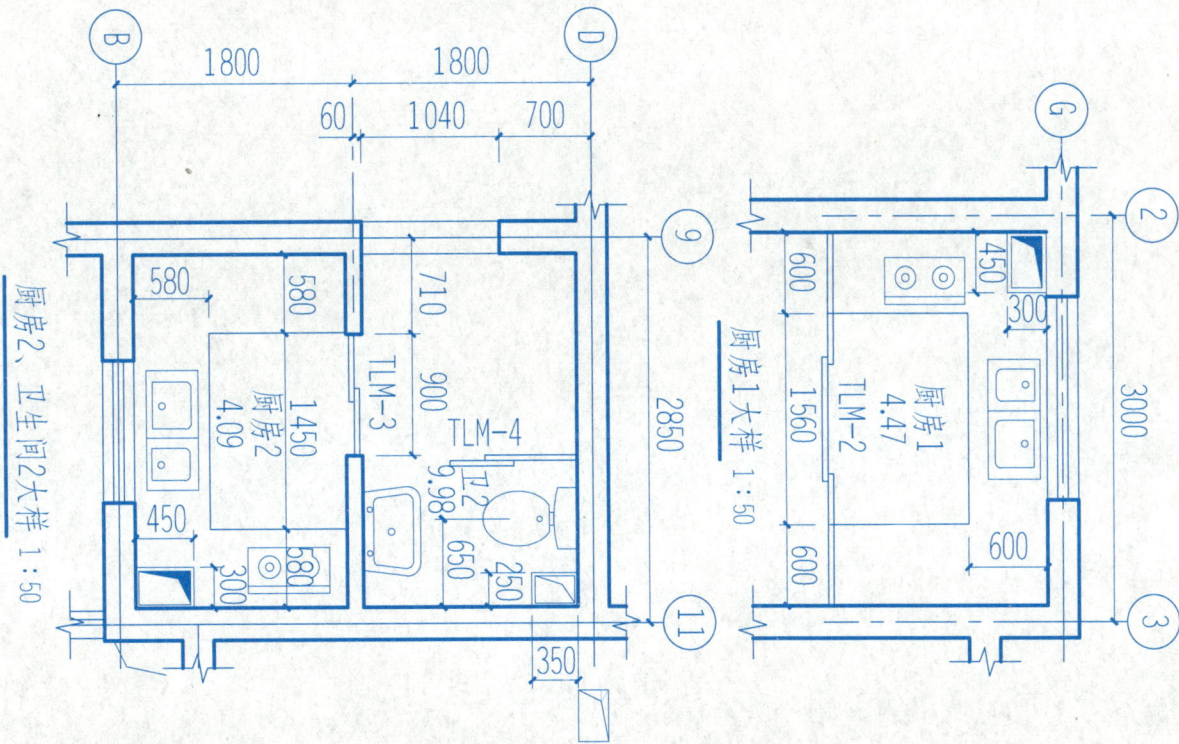

厨房2、卫生间2大样 1:50

厨房1大样 1:50

顶层楼梯平面图 1:50

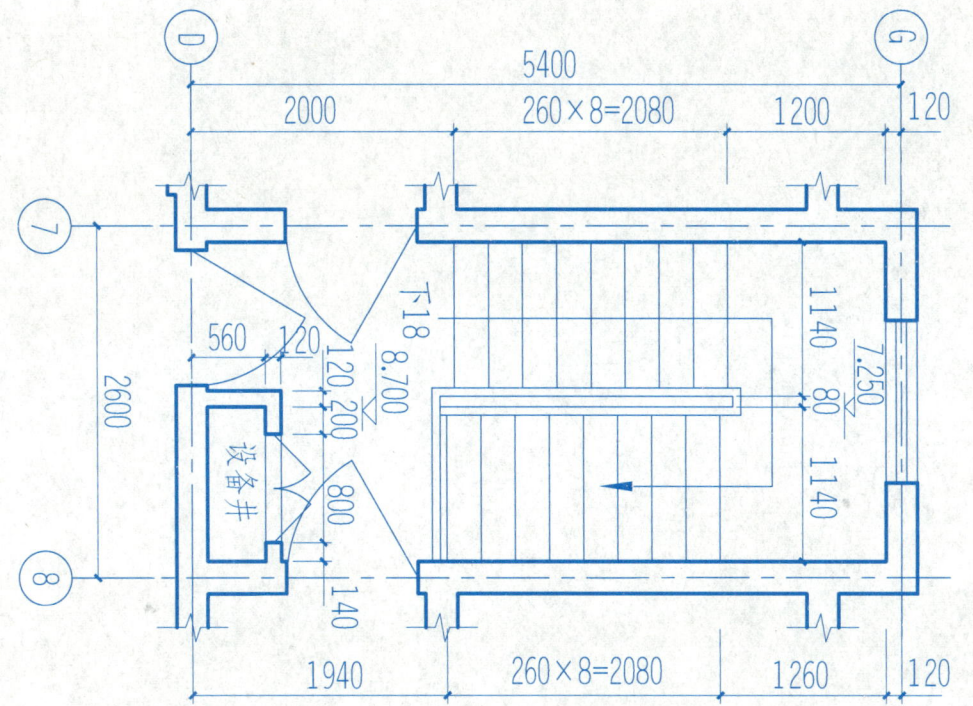

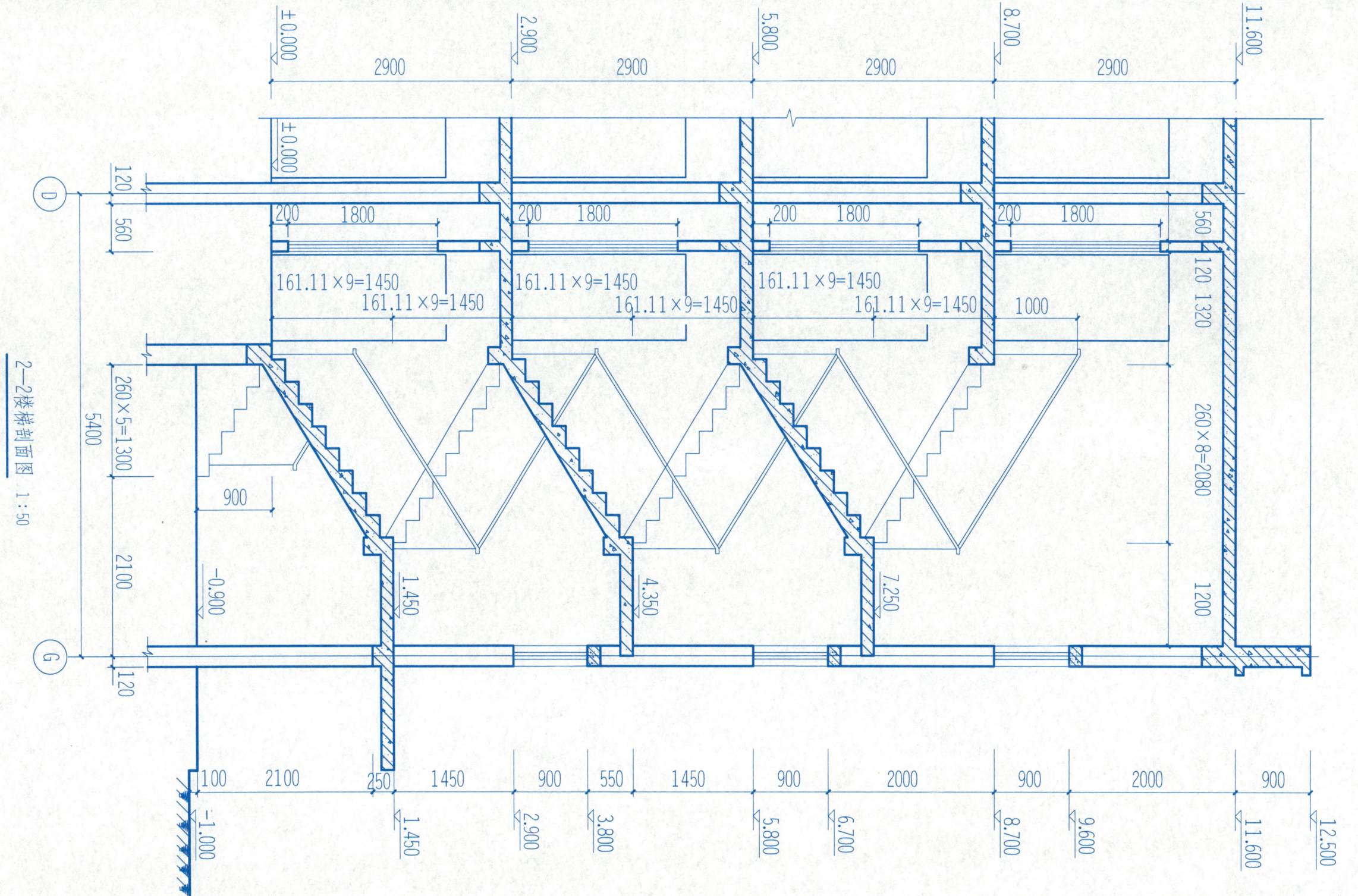

10-8 住宅楼梯剖面图。 班 级　　　　姓 名　　　　学 号

2—2楼梯剖面图 1:50

±0.000
2.900
5.800
8.700
11.600

2900　2900　2900　2900

±0.000

D

120
560

200　1800
200　1800
200　1800
200　1800

560
120
1320

161.11×9=1450
161.11×9=1450
161.11×9=1450
161.11×9=1450
161.11×9=1450
161.11×9=1450
1000

5400
260×5=1300
2100

900

260×8=2080

1200

−0.900

1.450
4.350
7.250

G
120

100　2100　250　1450　900　550　1450　900　2000　900　2000　900

−1.000
1.450
2.900
3.800
5.800
6.700
8.700
9.600
11.600
12.500

71

11-1 填空、选择题。　　　　　　　　　　　　　　　　　　　　　　班　级　　　　　姓　名　　　　　学　号

一、填空题

1.给水排水施工图应遵守《＿＿＿＿＿＿＿＿＿＿》(GB/T 50106—2010)的有关规定。

2.给水系统和给水管道的常用代号为＿＿＿，排水系统和排水管道的常用代号为＿＿＿。

3.给水系统流程为＿＿＿＿＿，排水系统流程为＿＿＿＿＿。

4.给水干管敷设在首层地面下或地下室，称为＿＿＿＿式给水系统。给水干管敷设在顶层顶棚上或阁楼中，称为＿＿＿＿式给水系统。

5.稳压和疏通设备包括＿＿＿＿、＿＿＿＿、＿＿＿＿、＿＿＿＿等清通设备。

6.给水排水平面图宜采用的绘图比例为＿＿＿＿＿＿＿。

7.在给水排水平面图中，应用＿＿＿＿抄绘房屋的墙身、柱、门窗洞、楼梯等主要构配件，并标注定位轴线及各楼层的＿＿＿＿尺寸。

8.排水系统中的清通设备主要包括＿＿＿＿＿＿＿＿＿。

9.室内给水排水系统中的用水房间是指＿＿＿＿＿＿＿，用水设备包括＿＿＿＿＿＿＿。

10.在设备施工图中，标高以m(米)计，并在小数点后注＿＿＿＿位。

11.绘制给水排水系统图时，X、Y轴向尺寸可从＿＿＿＿中直接量取，Z轴向尺寸可根据＿＿＿＿、＿＿＿＿确定。

12.给水系统图中用细实线绘出楼层地面线，并应在楼层地面线左端标注＿＿＿和＿＿＿。

13.当管道在系统图中交叉时，应在鉴别其可见性后，在交叉处将可见的管道画成＿＿＿，而将不可见的管道画成＿＿＿。

14.管道系统图中一般要注出引入管、横管、阀门、放水龙头、卫生器具的连接支管及各层楼地面、屋面等＿＿＿。

二、选择题

1.下列给水排水设备中，属于稳压设备的是的(　　)。

　A.地漏　　　　　　B.通气管　　　　　C.排水横支管

2.在给水排水平面图中，应用(　　)抄绘房屋的墙身、柱、门窗洞、楼梯等主要构配件。

　A.粗实线　　　　　B.中实线　　　　　C.细实线

3.一般给水管以每一(　　)为一个系统。

　A.引入管　　　　　B.立管　　　　　　C.给水横支管

4.平面图中各类卫生设备和器具均用(　　)绘制。

　A.粗实线　　　　　B.中实线　　　　　C.细实线

5.当管道在系统图中交叉时，应在鉴别其可见性后，在交叉处将不可见的管道画成(　　)。

　A.延续　　　　　　B.断开　　　　　　C.虚线

6.给水排水系统图一般采用与平面图(　　)的比例。

　A.相同　　　　　　B.缩小　　　　　　C.放大

7.室内给水管道用字母(　　)表示。

　A.J　　　　　　　B.P　　　　　　　C.W

8.新设计的各种排水管线用(　　)绘制。

　A.粗实线　　　　　B.粗虚线　　　　　C.细虚线

9.为了清晰地表示给水排水管道纵横交错的空间走向，采用轴测投影直观画出的给排水系统，称为(　　)。

　A.平面图　　　　　B.系统图　　　　　C.原理图

10.采用正面斜等测画系统图，一般将房屋的高度方向作为(　　)。

　A.X轴　　　　　　B.Y轴　　　　　　C.Z轴

11-2 给水排水平面图。

班 级　　　　姓 名　　　　学 号

　　识读73~75页建筑给水排水施工图，用A3图幅、1:100比例，分别抄画给水排水平面图及给水排水系统图，要求：布图均称，作图准确，图线粗、中、细分明，同种线型宽度一致，字体端正，图面整洁。

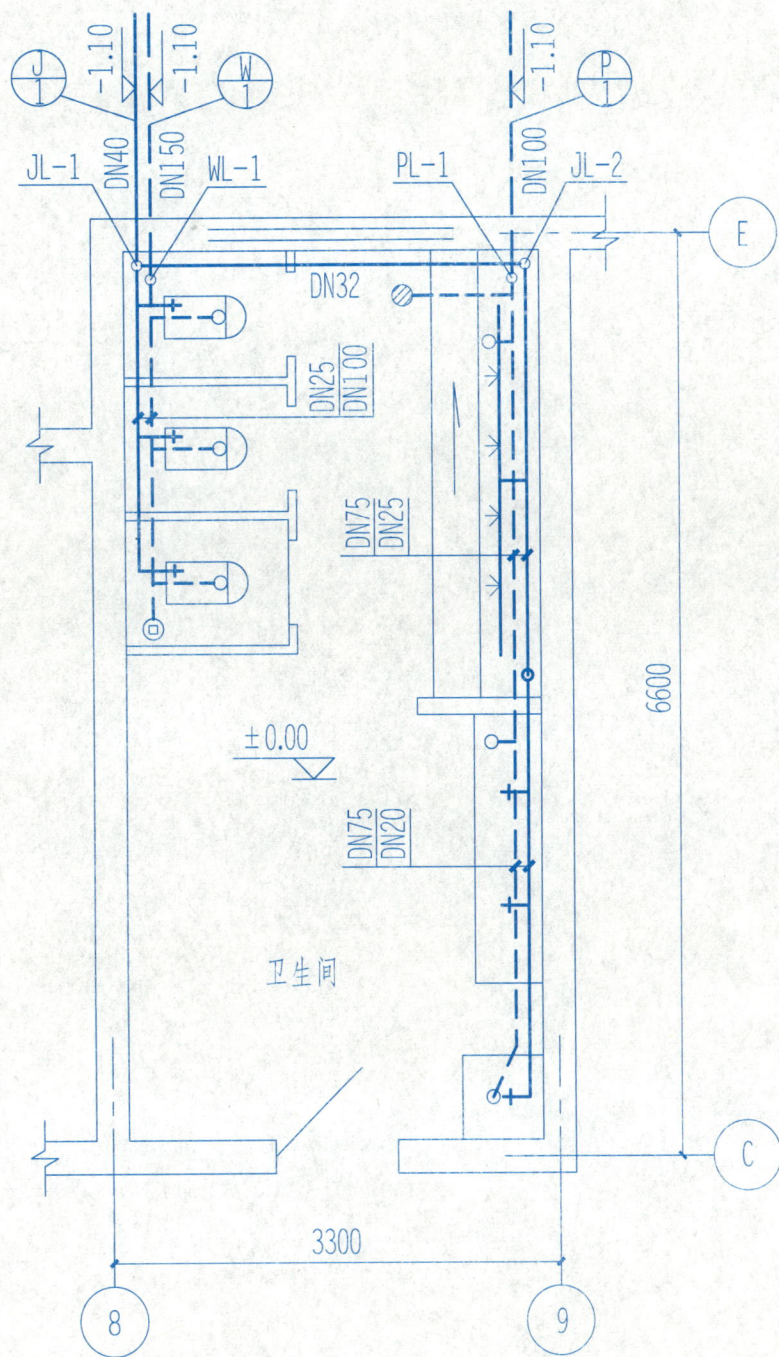

底层给水排水平图　1:50

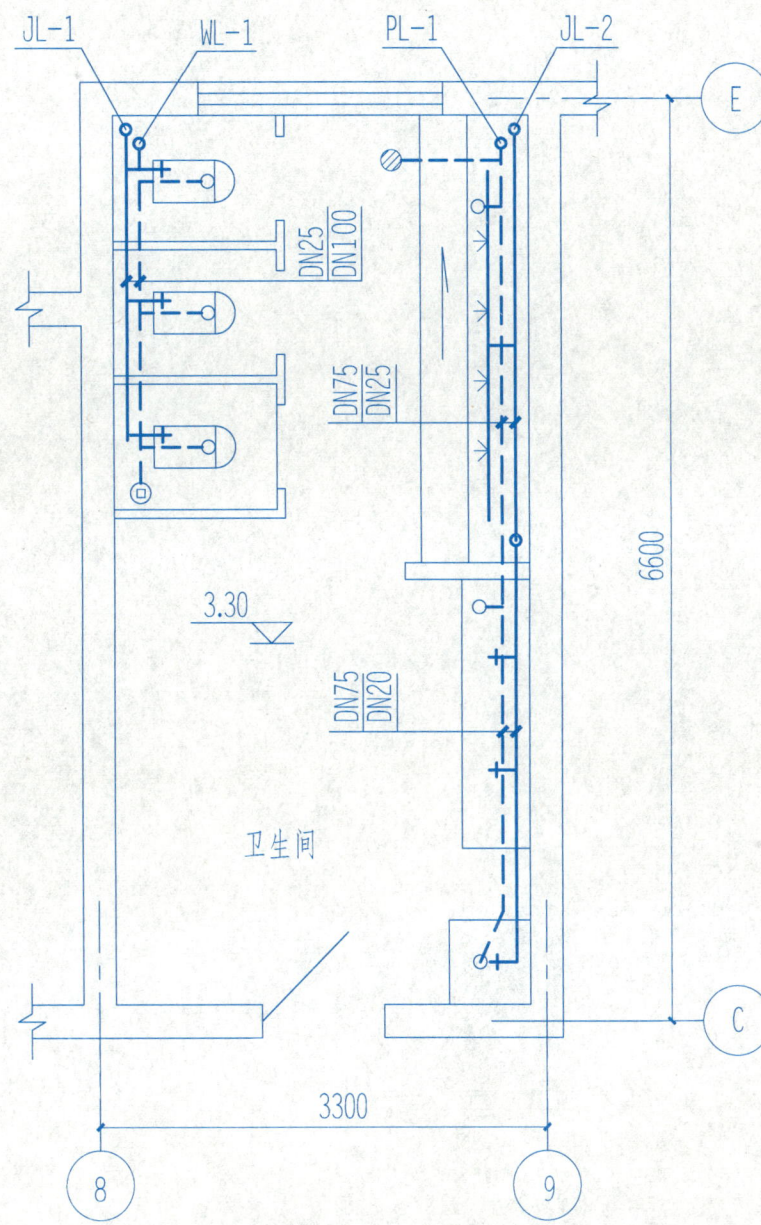

二层给水排水平图　1:50

11-3 给水排水系统图。

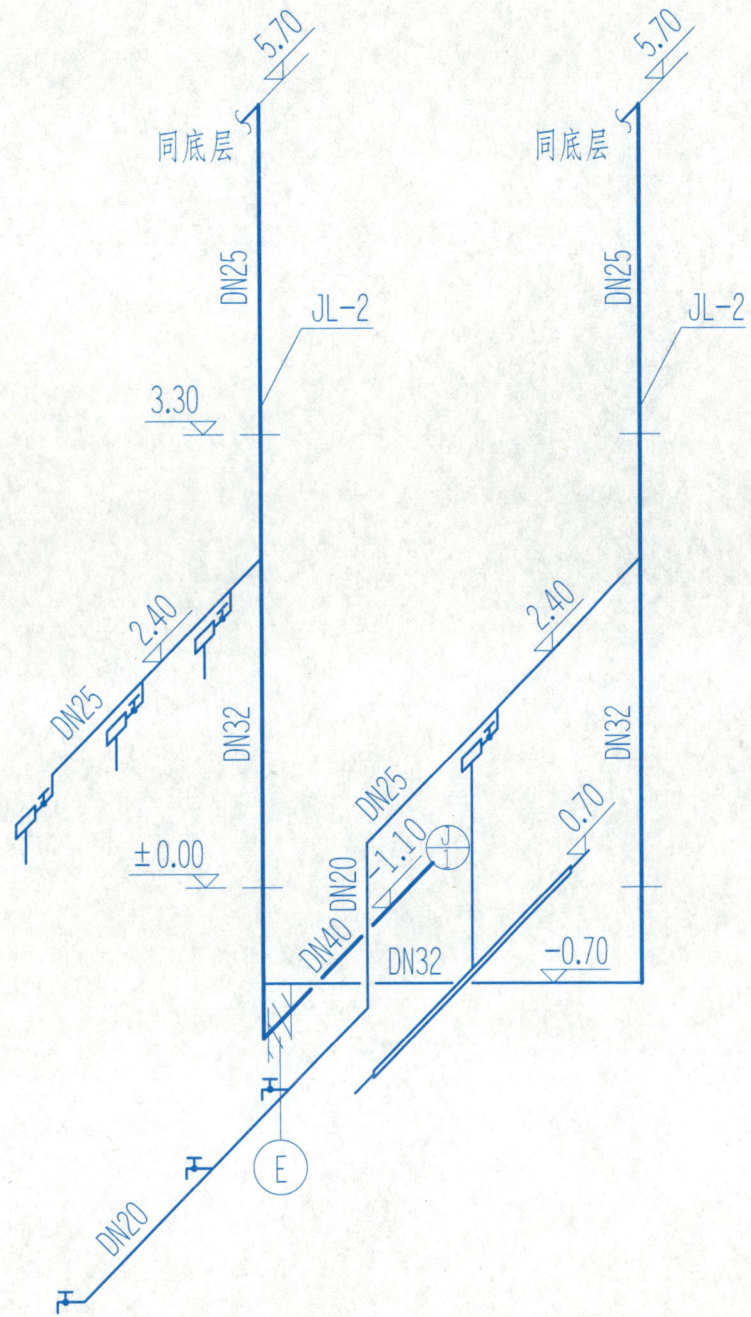

给水系统图 1：50

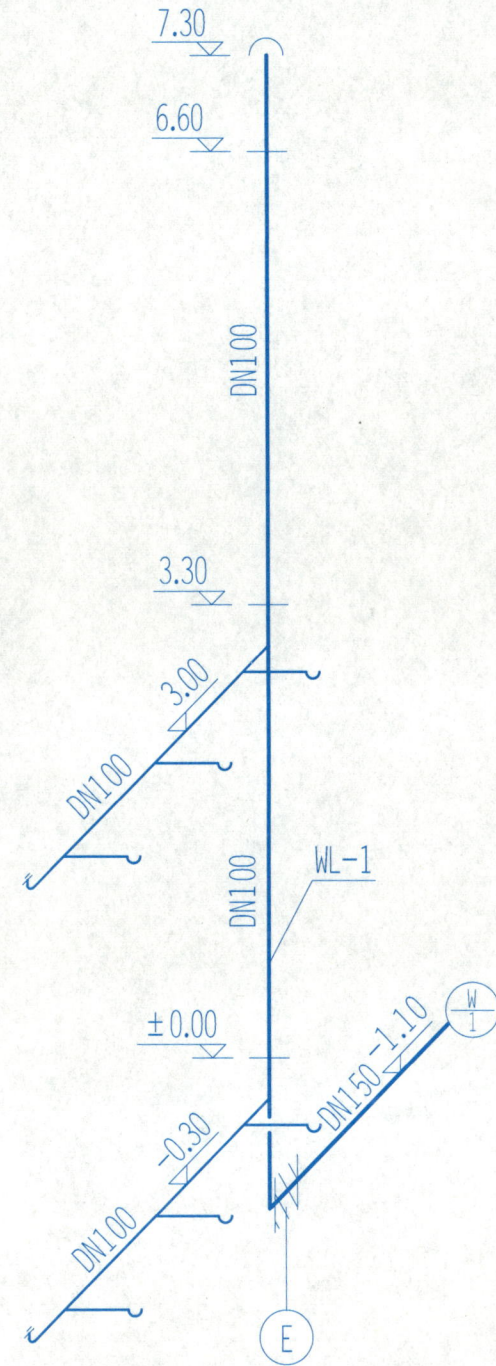

排水系统图(一) 1：50

74

11-4 排水系统图。

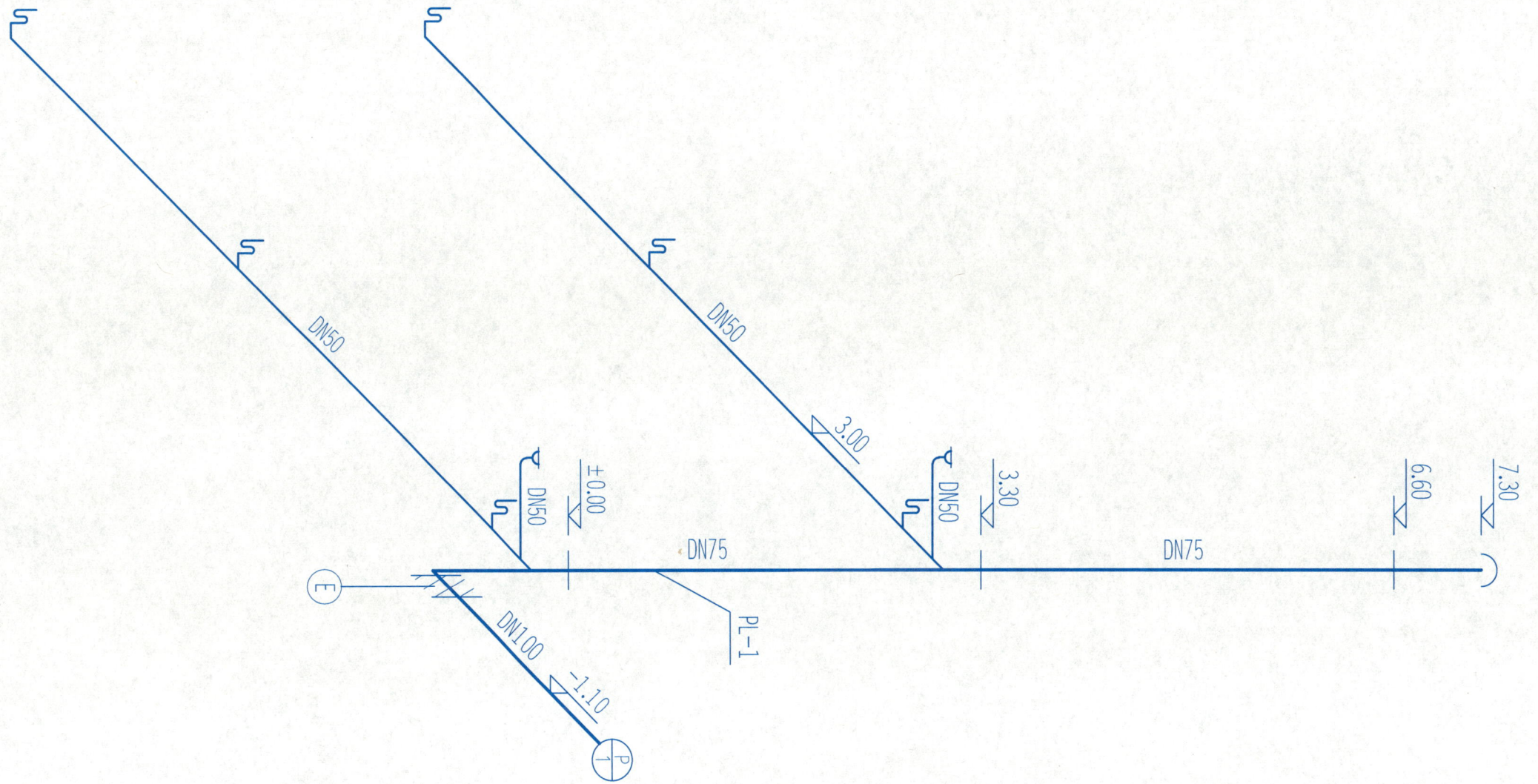

排水系统图(二)　1:50

DN50

DN50

3.00

DN50

±0.00

DN50

3.30

DN75

PL-1

DN75

6.60

7.30

E

DN100

-1.10

P

12-1 填空、选择题。 班 级　　　　姓 名　　　　学 号

一、填空题

1.室内采暖工程图包括采暖_____、_____、_____等。

2.在供热干管的最高点设置_____，以便顺利排除系统中的空气。

3.在采暖系统中，供热干管沿水流方向有_____的坡度。

4.在采暖系统图中，具有坡度的水平横管仍以水平线画出，但应注出其_____或_____。

5.采暖施工图中水平管道的管径应注写在管道的_____；斜管道的管径应写在管道的_____；竖管道的管径应注于管道的_____。

6.系统图空间交叉的管道在图中相交时，应在鉴别其可见性后，在交叉处将可见的管道画成_____，将不可见的管道成其_____。

7.每个图样均应在图样下方标注图名，图名下绘制一_____，长度应与图名长度相等，_____注写在图名右侧，字高比图名字高小一号或二号。

8.采暖工程图中常用的设备、部件的图例符号画法应依据《暖通空调制图标准》（GB/T_____）中规定。

9.管道系统图中用细实线绘出楼层地面线，并应在楼层地面线左端标注____和_____。

10.采暖平面图反映供热管道、散热设备及其附件的_____情况，以及与建筑物之间的_____。

11.采暖系统图是用正面_____投影方法画出的整个采暖系统的立体图。主要表明采暖系统中管道及设备的空间_____与_____。

12.为了表达采暖设备其构造及安装情况，因此需要放大比例画出构造安装_____。

二、选择题

1.在采暖系统中，供热干管沿水流方向有(　　)的坡度。

　A.向下　　　　　　　　B.向上　　　　　　　　C.均可

2.在图样下方标注图名右侧注写的绘图比例，字高比图名字高小(　　)。

　A.一号　　　　　　　　B.二号　　　　　　　　C.一号或二号

3.《暖通空调制图标准》(GB/T 50114-2010)为(　　)。

　A.强制性标准　　　　B.指导性标准　　　　C.推荐性标准

4.采暖平面图中，建筑平面图部分用(　　)绘制。

　A.粗实线　　　　　　　B.细实线　　　　　　　C.中实线

5.采暖工程图中的散热器、集气罐、阀门、接头等设备一般用(　　)绘制的。

　A.粗实线　　　　　　　B.细实线　　　　　　　C.中实线

6.采暖系统图一般采用与平面图(　　)的比例。

　A.相同　　　　　　　　B.缩小　　　　　　　　C.放大

7.系统图中水平管道的管径应注写在管道的(　　)。

　A.上方　　　　　　　　B.左侧　　　　　　　　C.斜上方

8.系统图中斜管道的管径应写在管道的(　　)。

　A.上方　　　　　　　　B.左侧　　　　　　　　C.斜上方

9.系统图中竖管道的管径应注于管道的(　　)。

　A.上方　　　　　　　　B.左侧　　　　　　　　C.斜上方

10.采暖系统图中供热干管和回水干管分别用(　　)绘制。

　A.粗实线和虚线　　　B.粗实线和粗虚线　　　C.粗实线和细虚线

12-2 底层采暖平面图。　　　　　　　　　　　　　　　　　　　　班 级　　　　姓 名　　　学 号

识读77~79页采暖施工图，用A3图幅、1：100比例，分别抄画底层采暖平面图及采暖系统图。要求：布图均称，作图准确，图线粗、中、细分明，同种线型宽度一致，字体端正，图面整洁。

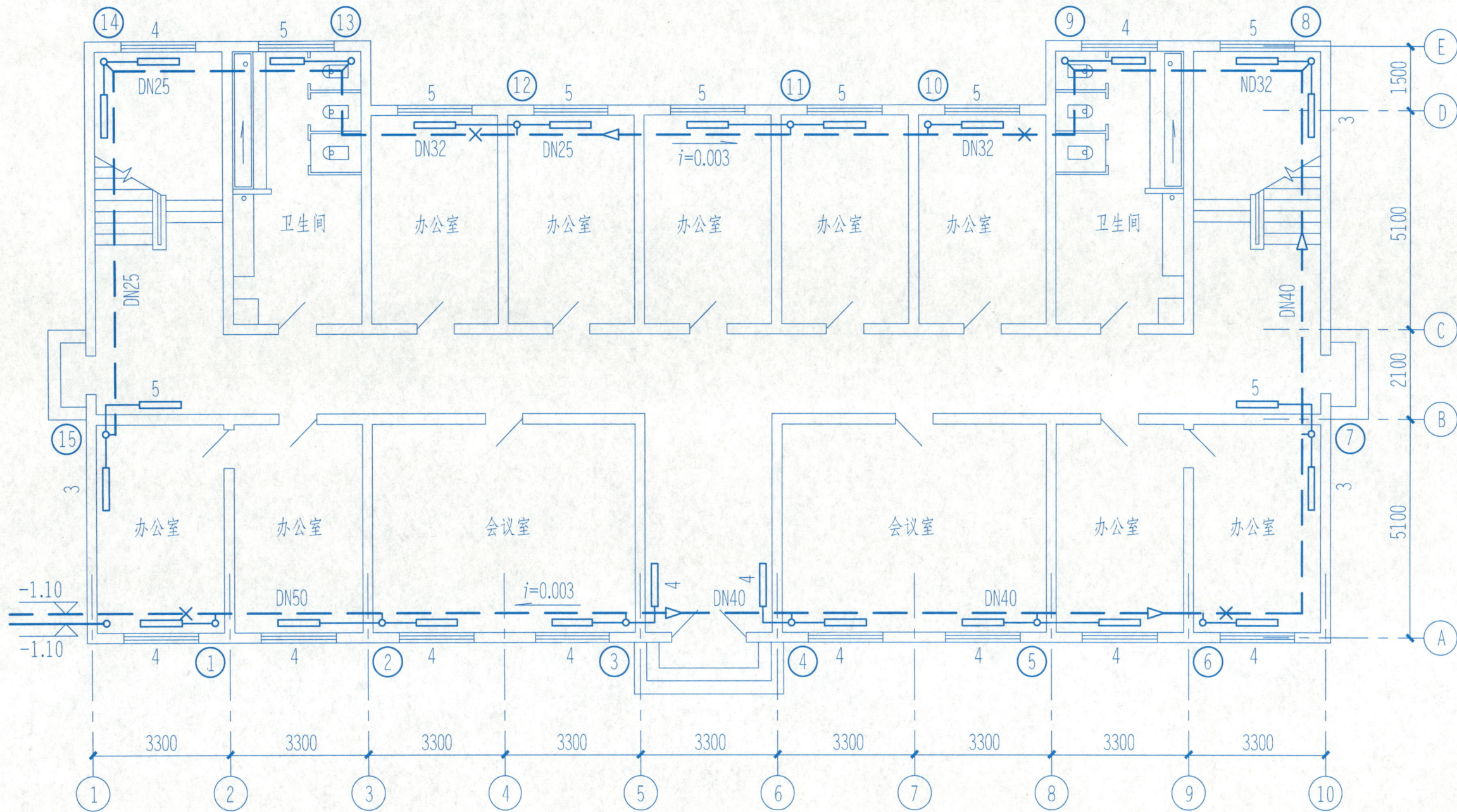

底层采暖平面图　1：100

12-3 顶层采暖平面图。　　　　　　　　　　　　　　班　级　　　　　　姓　名　　　　　学　号

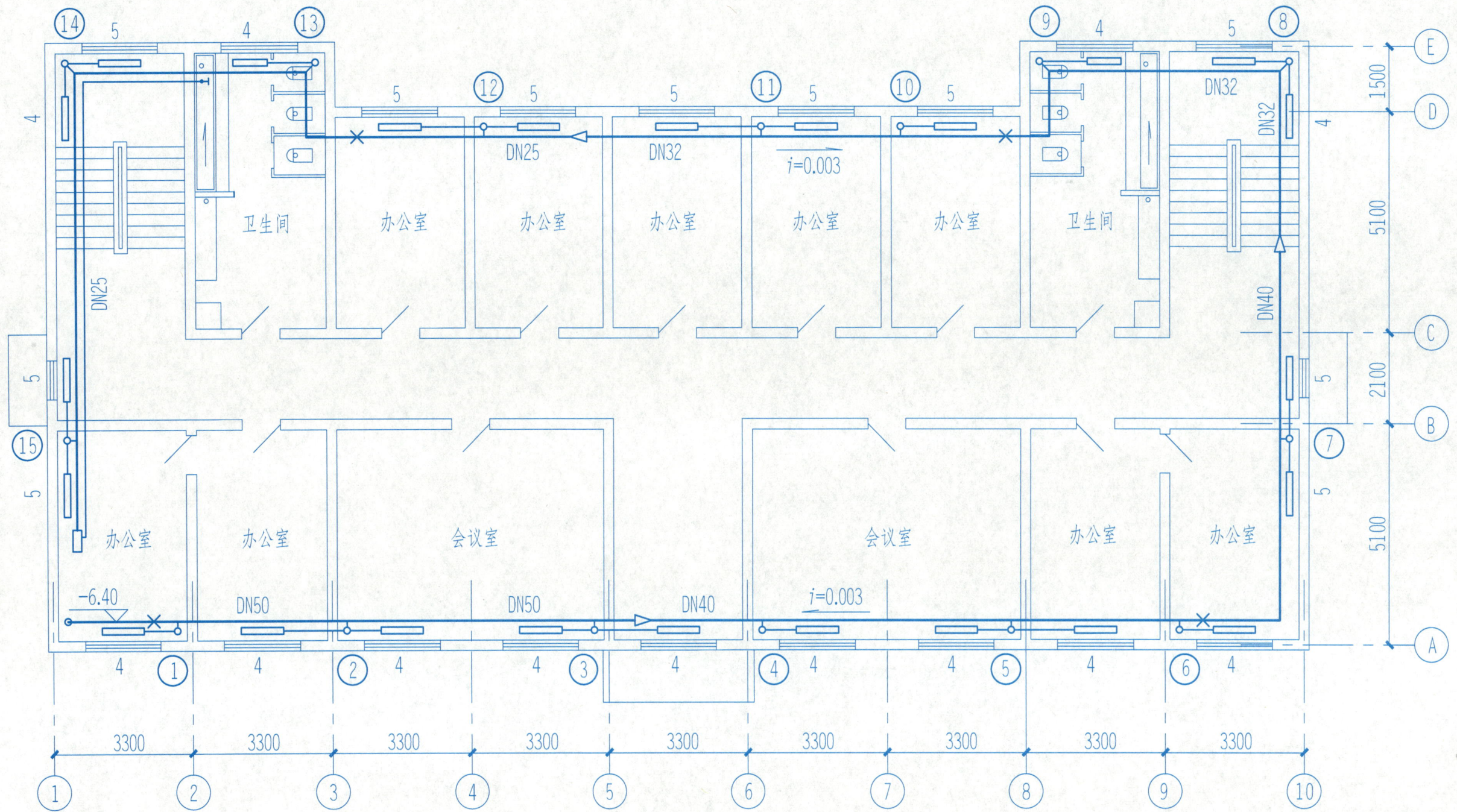

顶层采暖平面图　1:100

12-4. 采暖系统图。

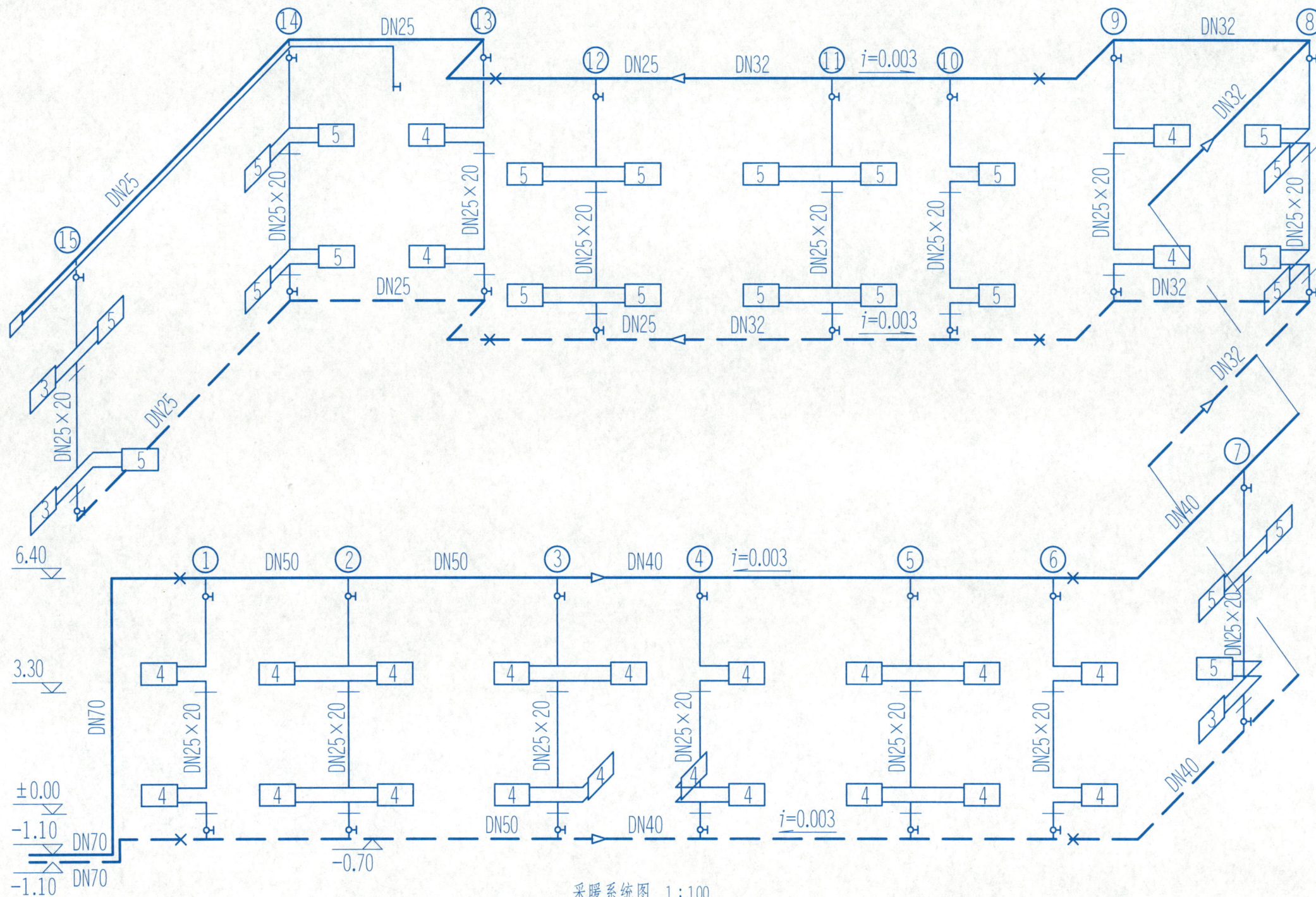

采暖系统图　1:100

13-1 填空、选择题。

一、填空题

1.电气工程图是阐述电气工程的_____和_____，描述电气装置的工作原理，提供_____和维护使用信息的一种图样。

2.系统图是用符号或带注释的框概略表示系统的_____、_____及其主要特征。

3.电气图的图形符号是用于表达电气图中电气_____、_____、元器件的一种图形。

4.电气工程图中的围框有两种形式：_____围框和_____围框。

5.电气图中的连接线用_____绘制，一张图中连接线_____应保持一致。

6.电路图又称_____，是用图形符号、文字符号按工作顺序排列，详细表示电路、设备或成套装置的全部_____和_____。

7.电气工程图主要是用来表示供电、配电线路的_____；各种电气设备及配件的_____。

8.文字符号通常由_____、_____和_____组成。

9.电气工程图中图形符号用_____绘制，进户线及连接导线用_____绘制。

10.识读电气工程图的顺序是：按电流流动的方向，即按进户线→_____→_____→支路上的_____顺序阅读。

11.说明符号BV-500V-5X10-SC32-WC的含义_____。

12.灯具的安装方式，CS表示_____，W表示_____，C表示_____。

13.电气系统图是表明供电系统特性的一种_____。一般不按_____绘制，也不反映电气设备在建筑中的_____。

14.室内电气平面图中用_____抄绘建筑平面图。

二、选择题

1.用于表示电气装置内部各元件之间及其与外部其他装置之间的连接关系的图样称为(　　)。
A.系统图　　　　　　B.电路图　　　　　　C.接线图

2.电气工程图中，用(　　)线来绘制辅助围框线。
A.细实线　　　　　　B.细点画线　　　　　C.细双点画线

3.制图标准《电气设备用图形符号》编号为(　　)。
A.GB/T 6988　　　　B.GB/T 5465　　　　C.GB/T 4728

4.电气图中用于表达电气设备、装置、元器件的图形称为(　　)。
A.图形符号　　　　　B.文字符号　　　　　C.图例符号

5.大部分电气工程图是(　　)绘制的。
A.按比例　　　　　　B.不按比例　　　　　C.按1∶1比例

6.用(　　)箭头表示电气能量、电气信号的传递方向。
A.开口　　　　　　　B.实心　　　　　　　C.空心

7.布置简图时，应按工作顺序从(　　)，从上到下排列。
A.中间　　　　　　　B.右到左　　　　　　C.左到右

8."十"字形连接表示两导线相交时，必须加(　　)。
A.箭头　　　　　　　B.实心圆点　　　　　C.断开

9.电气图中的连接线用(　　)绘制。
A.细实线　　　　　　B.粗实线　　　　　　C.实线

10.室内电气平面图中建筑平面图部分内容用(　　)绘制。
A.细实线　　　　　　B.中实线　　　　　　C.粗实线

13-2 常用电气图。　　　　　　　　　　　　班　级　　　　姓　名　　　　学　号

(1) 按给出的示意图画出其电路图，并标注文字符号。

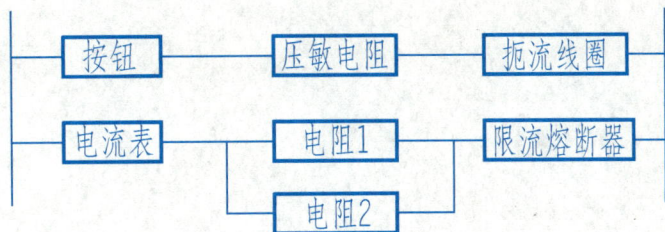

(2) 按给出的配电线路接线示意图，在下方用图形符号和文字符号完成接线图。

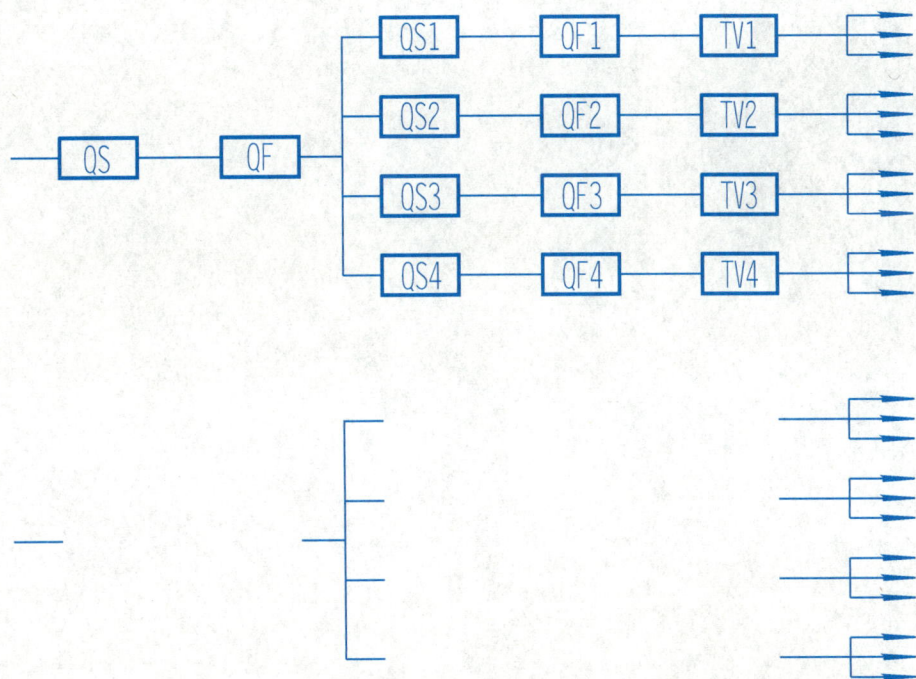

(3) 阅读异步电动机控制电路图，在横线上写出各图形符号所表示的电气元件名称。

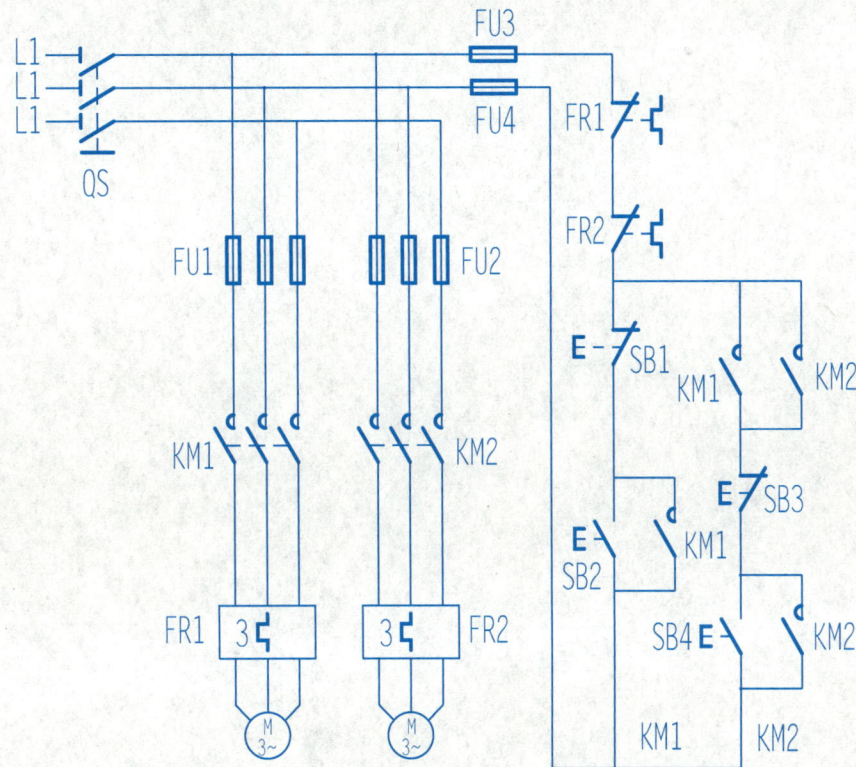

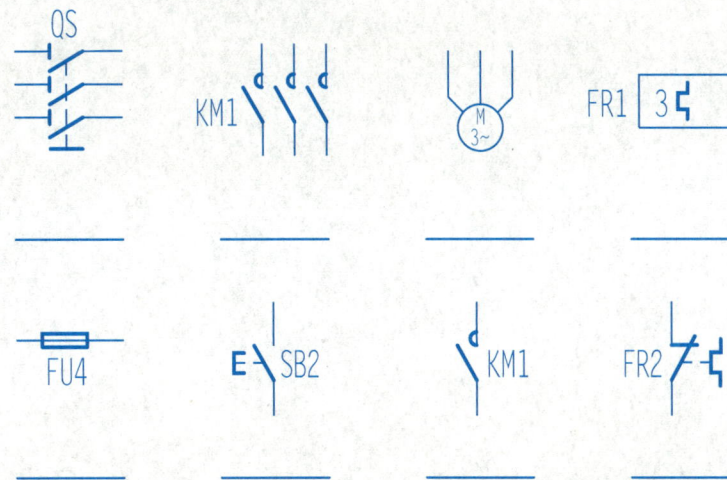

13-3 在A4图纸上抄画绘制车床电气线路图。　　　　　　　　　　　班 级　　　　姓 名　　　　学 号

电源保护开关	主轴电动机	短路保护	冷却泵电动机	刀架快速移动电动机	控制电源变压器及保护	主轴电动机控制	刀架快速移动	冷却泵控制	指示灯	照明灯

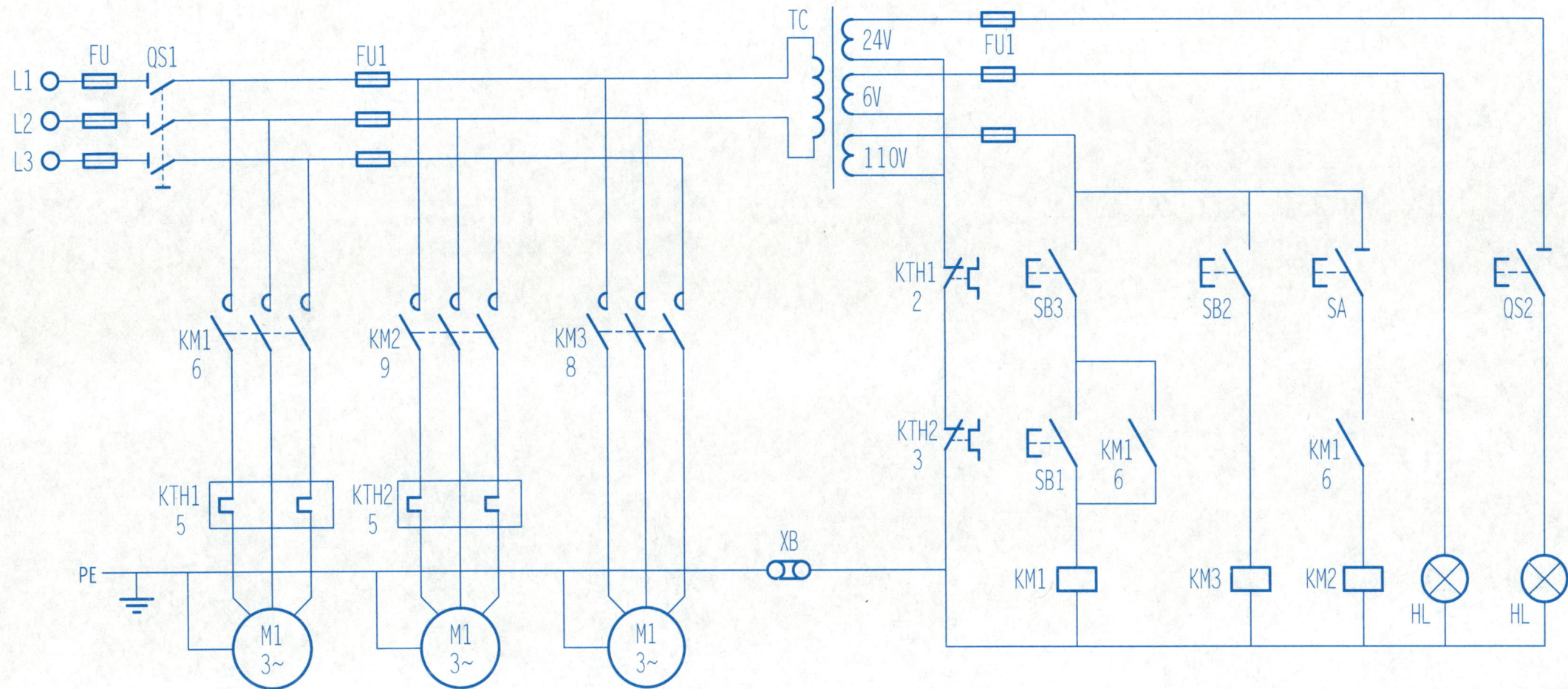

	(单 位)			机床电气线路图	
批准		校核			
审定		设计制图			
审核		CAD制图		图号	
日期		比例			

13-4 抄画建筑电气施工图。　　　　　班 级　　　姓 名　　　学 号

识读83~85页建筑电气施工图，用A3图幅、1∶100比例，分别抄画底层插座平面图及底层照明平面图。要求：布图均称，作图准确，图线粗、中、细分明，同种线型宽度一致，字体端正，图面整洁。

WX1-500V-BV3×4-PVC25-FC
WL1-500V-BV5×10-SC32-WC
WX2-500V-BV3×4-PVC25-FC

卫生间　办公室　办公室　办公室　办公室　办公室　卫生间

BV-500V-5×10-SC32-WC
至二层

AL-1

办公室　办公室　会议室　　会议室　　办公室　办公室

W$_{22}$-1000V-4×50-SC50-FC
H=-0.8m

E
D
1500
5100
C
2100
B
5100
A

3300　3300　3300　3300　3300　3300　3300　3300　3300

① ② ③ ④ ⑤ ⑥ ⑦ ⑧ ⑨ ⑩

底层插座平面图　1∶100

13-5 底层照明平面图。

WL1-500V-BV3×2.5-PVC15-CC
WL2-500V-BV3×2.5-PVC15-CC
WL3-500V-BV3×2.5-PVC15-CC

E
1500
D

卫生间　办公室　　办公室　　办公室　　办公室　　办公室　卫生间

5100

1×60W C

1×60W C

C

2100

AL-1

B

2×40W C

2×40W C

办公室　　办公室　　会议室　　　　　　　　会议室　　办公室　　办公室

5100

A

3300　3300　3300　3300　3300　3300　3300　3300　3300

① ② ③ ④ ⑤ ⑥ ⑦ ⑧ ⑨ ⑩

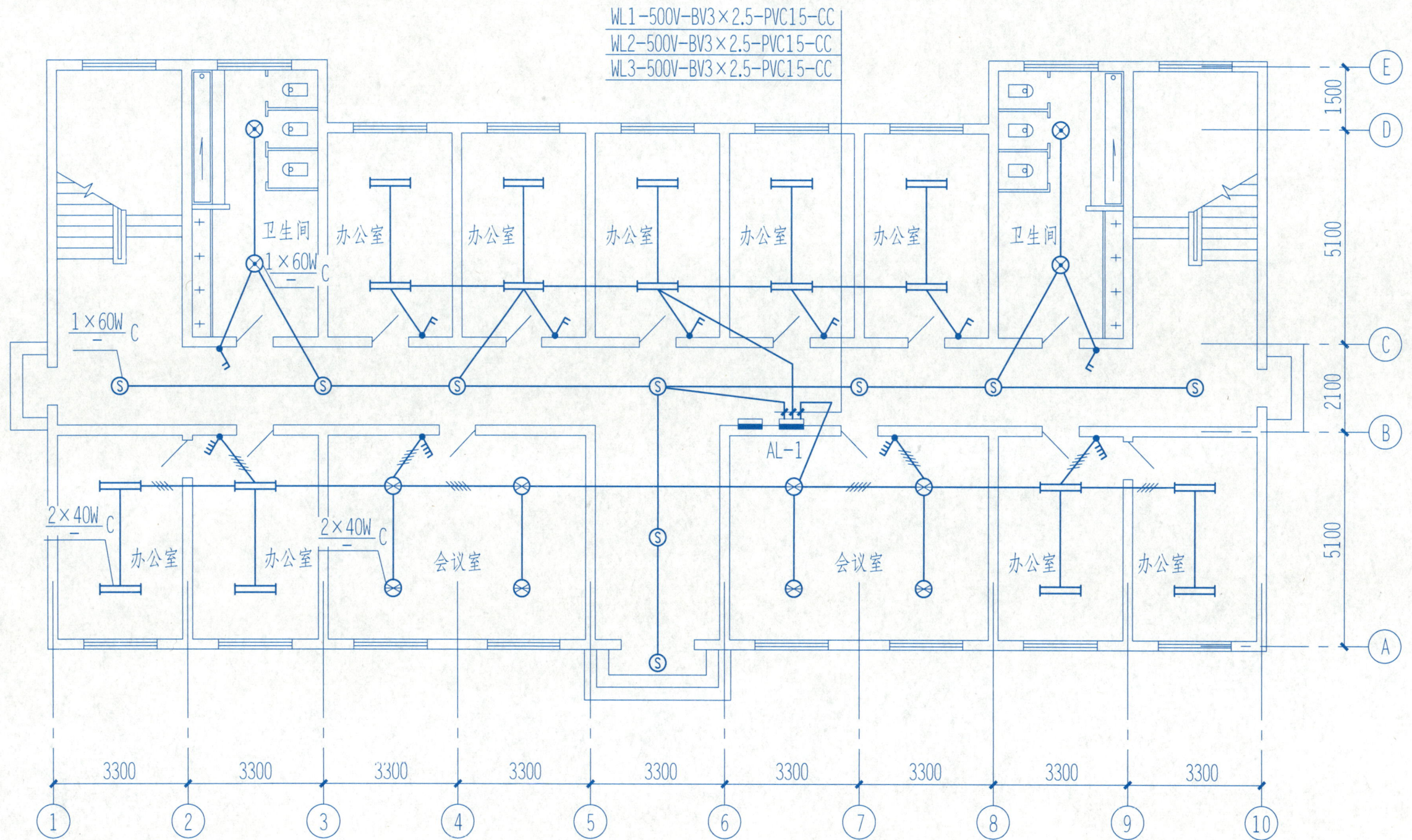

底层照明平面图　　1:100

13-6 电气系统图。

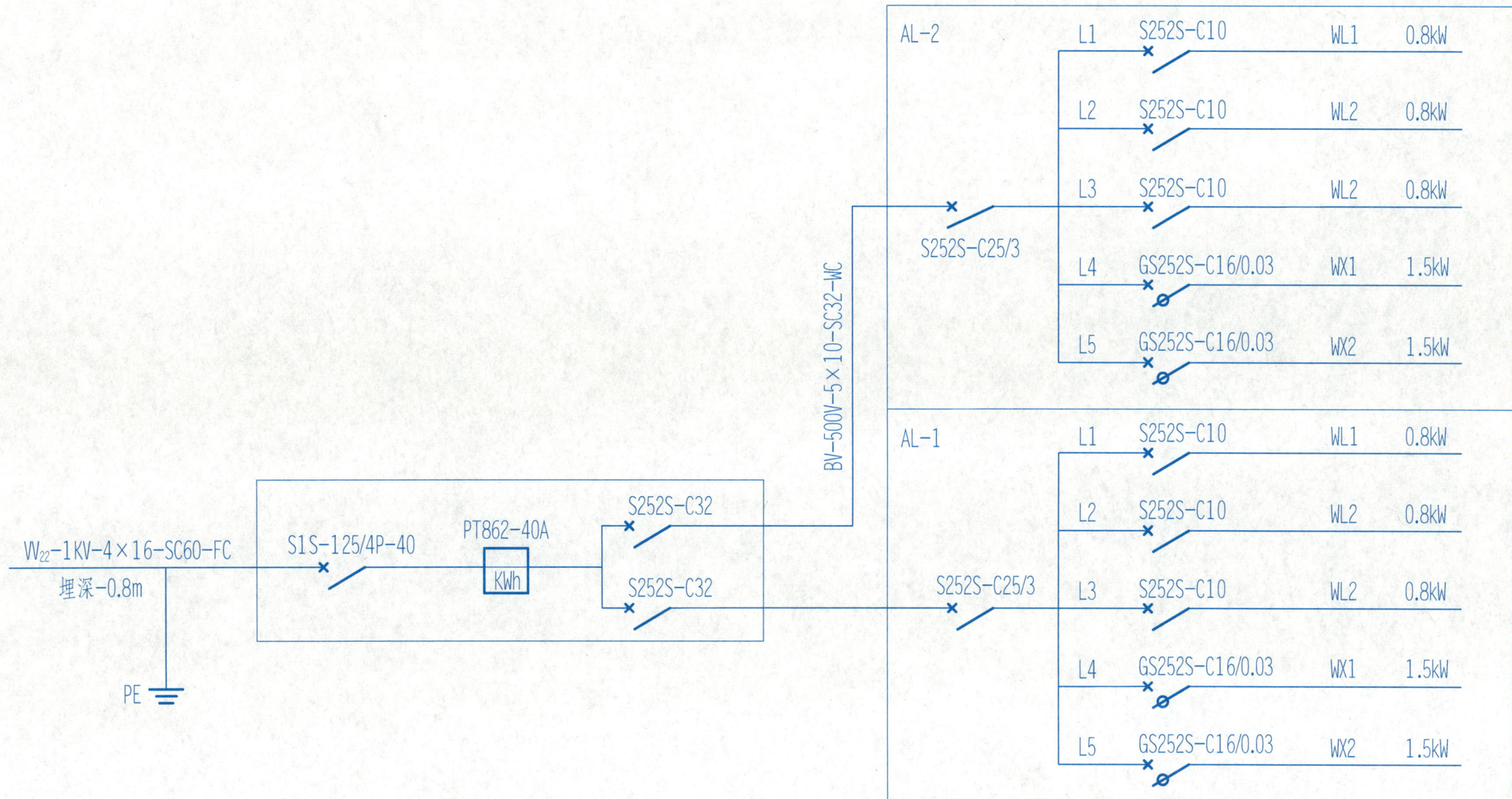

电气系统图

模拟试卷(一)　　　　　　　　　　　　　　　　　　　　　班　级　　　姓　名　　　模学号

诚杜信绝考作试弊

20 -20 学年第　学期《工程制图》试卷　卷

使用班级：　　　　　　课程编号：
闭　卷：　　　　　　　答题时间：120分钟

题号	一	二	三	四	五	总分
得分						

一、点、直线、平面投影。(24分)

1.已知点A在V面上，点B在点A的前方20，点C距W、V等距，试完成A、B、C三点投影。(6分)

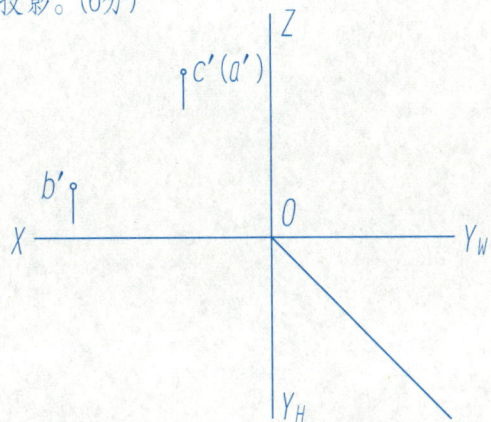

2.已知直线AB为水平线，$AB=40$，$\beta=30°$，点B在点A的右前方，完成AB线两面投影。(6分)

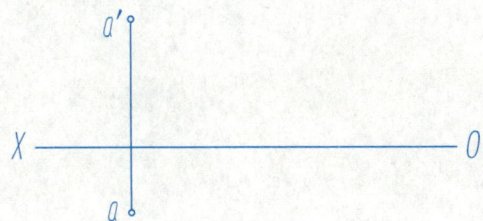

3.AM和AN分别是△ABC上的水平线和正平线，完成△ABC的正面投影。(6分)

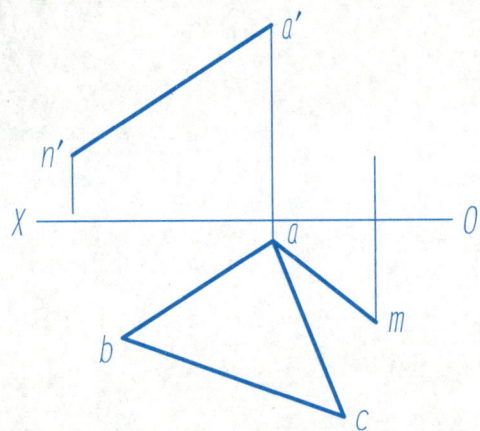

4.过C点作直线CD与AB平行，与EF相交，与EF交点为D。(6分)

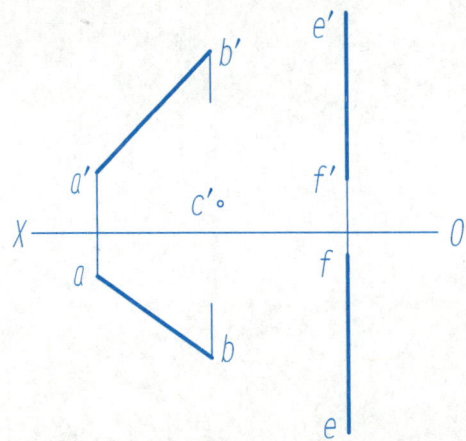

二、完成截断体、相贯体投影。(26分)

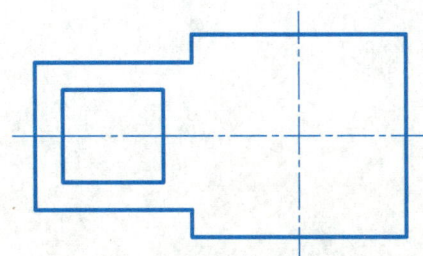

1.完成三棱锥切割体的水平投影。(6分)　　2.完成圆柱切割体的侧面投影。(8分)

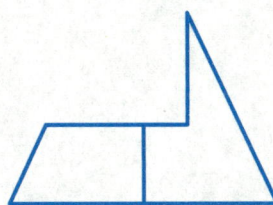

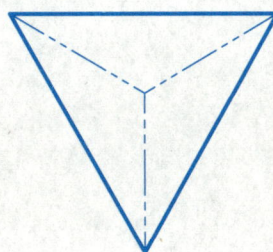

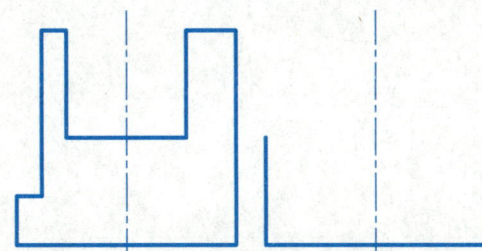

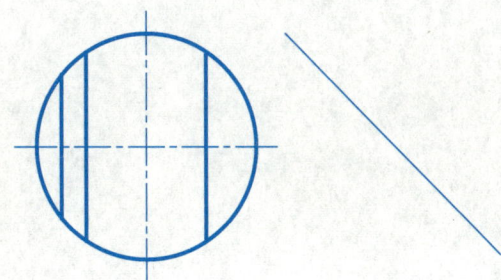

3.完成相贯体投影。(6分)　　　　　　　　4.求特殊相贯线。(6分)

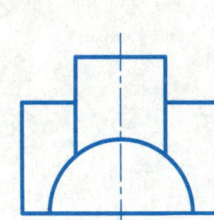

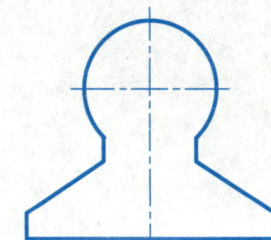

得分

86

模拟试卷(一)　　　　　　　　　　　　　　　　　　　班　级　　　　　姓　名　　　　　学　号

三、根据轴测图，绘制形体三视图。(12分)　　　得分

主视

四、根据三视图画轴测图(轴测种类自选)。(10分)　　　得分

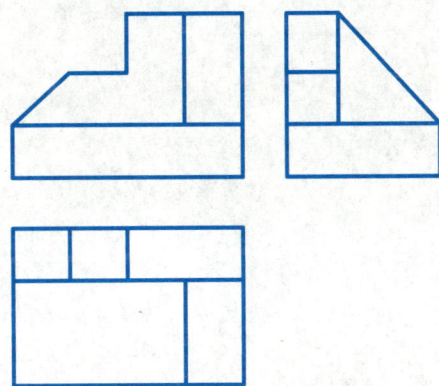

五、补图、补线。(28分)　　　得分

1.根据形体的两面投影，补画第三投影。(每题8分，共16分)

(1)　　　　　　　　　　　　　　　(2)

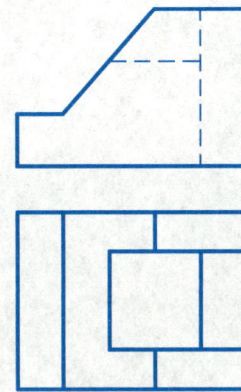

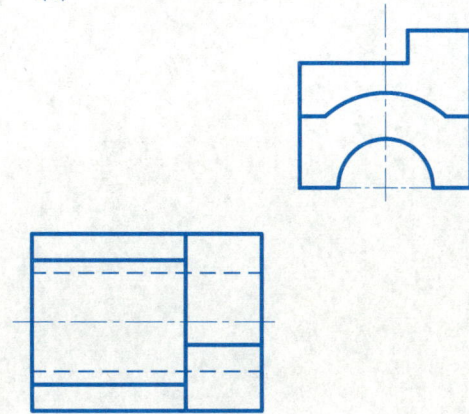

2.补画三视图中遗漏的图线。(每题6分，共12分)

(1)　　　　　　　　　　　　　　　(2)

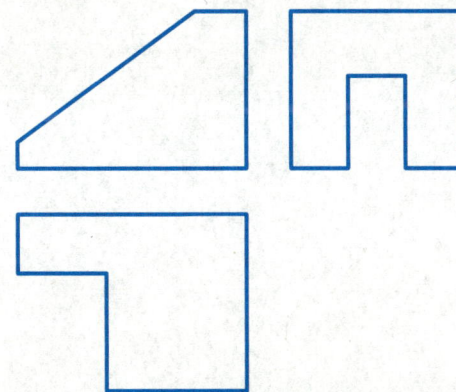

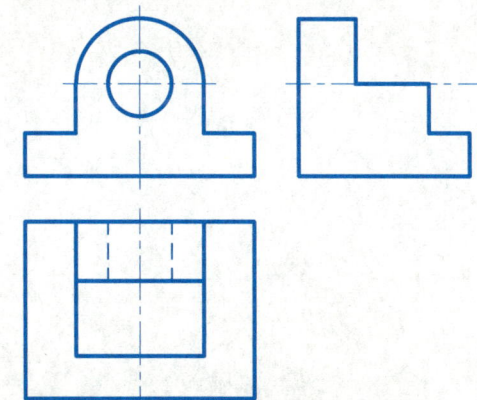

20 -20 学年第　学期《工程制图》试卷　卷

诚杜
信绝
考作
试弊

使用班级：　　　　　　课程编号：
闭　　卷：　　　　　答题时间：120分钟

题号	一	二	三	四	五	总分
得分						

得分

一、点、直线、平面投影。(24分)

1.已知点A与V、H面等距，B点在A点之左方15，后方5，且B点在H面上。完成A、B两点投影。(6分)

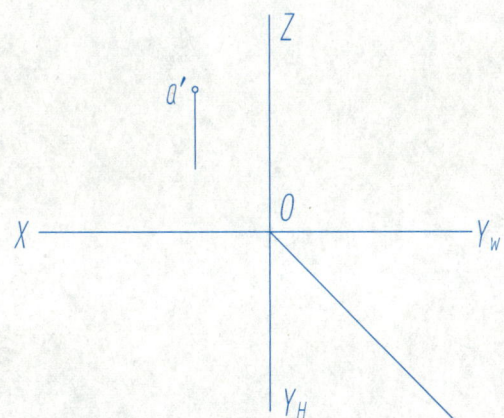

2.求平面的H面投影及平面上直线DE的另两面投影，该平面为(　　)面，DE为(　　)线。(6分)

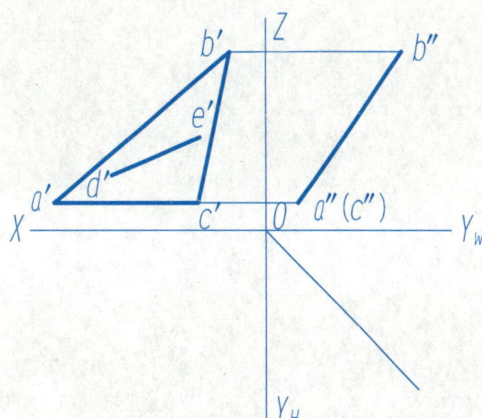

3.AM是△ABC平面内的正平线，求作△ABC和直线AM的水平投影。(6分)

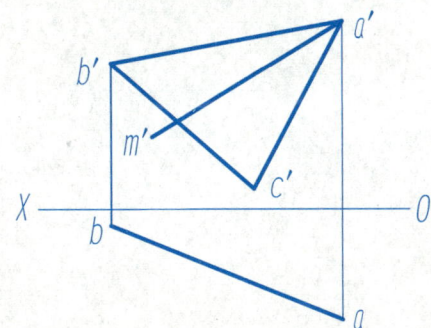

4.作一正平线MN与直线AB、CD、EF都相交，求该直线MN的两面投影。(6分)

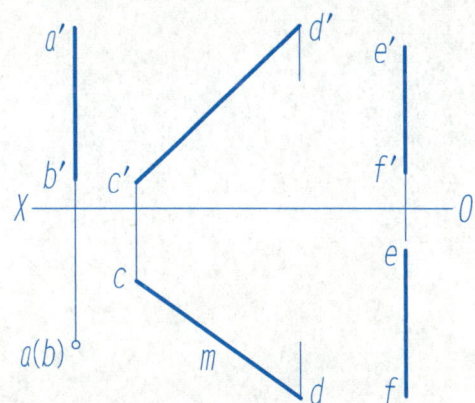

二、完成截断体、相贯体投影。(26分)

得分

1.完成三棱柱切割体的水平投影。(6分)

2.完成圆柱切割体的侧面投影。(6分)

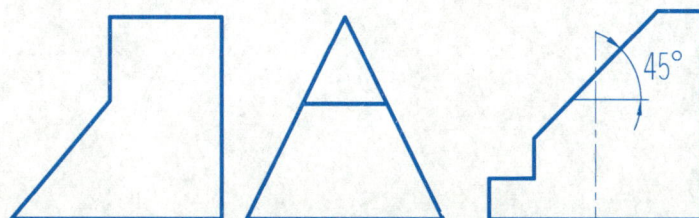

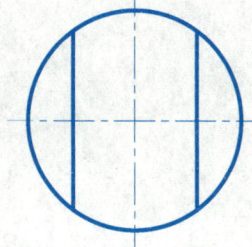

3.完成相贯体投影。(8分)

4.求特殊相贯线。(6分)

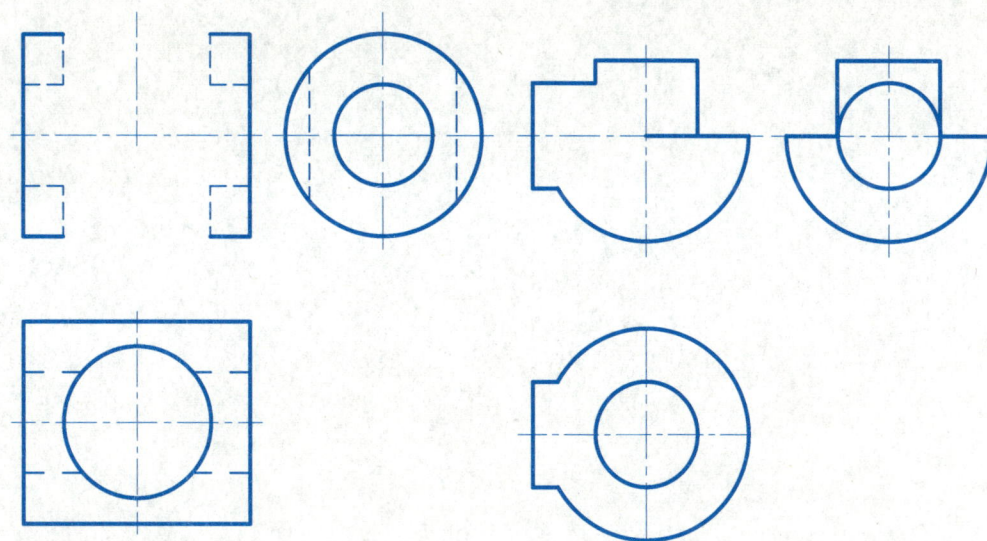

三、根据轴测图，绘制形体三视图。(12分)　　　　　得分 ☐

通槽

主视

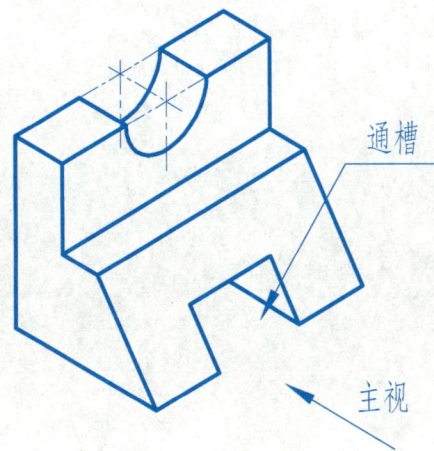

四、根据三视图画轴测图。(轴测种类自选)(10分)　　　得分 ☐

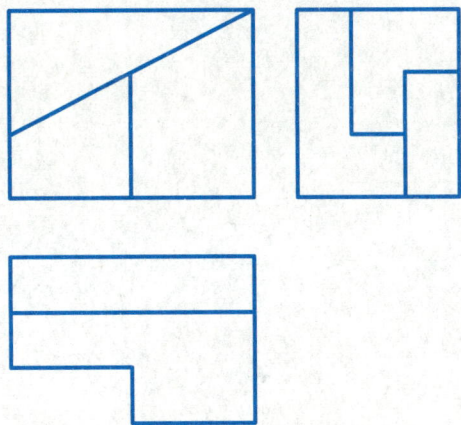

五、补图、画轴测图。(28分)　　　　　　　　得分 ☐

1.根据形体的两面投影，补画第三投影。(每题8分，共16分)

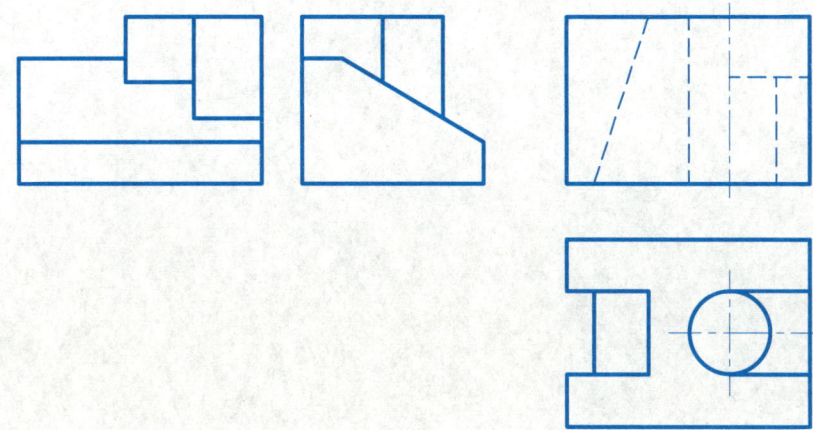

2.补画三视图中遗漏的图线。(每题6分，共12分)

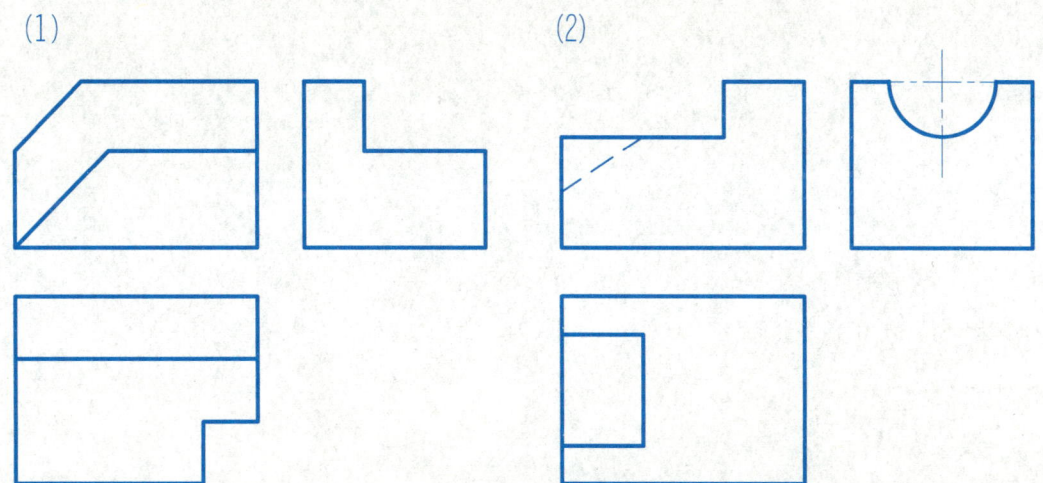

(1)　　　　　　　　　　　　　　(2)

20 -20 学年第　学期《工程制图》试卷　卷

诚杜
信绝
考作
试弊

使用班级：　　　　　　课程编号：
闭　　卷：　　　　　答题时间：120分钟

题号	一	二	三	四	五	总分
得分						

得分

一、参照左图给出的尺寸，在右侧按1：1比例画出平面图形。(10分)

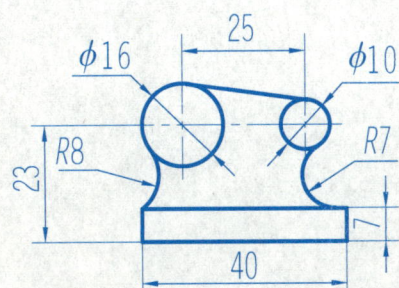

$\phi16$　25　$\phi10$
$R8$　　$R7$
23　　7
40

得分

二、投影图。(30分)

1.已知A在H面上，距V面20mm；点B在点形A的后、右、上均为10mm，求A、B两点的三面投影。(5分)

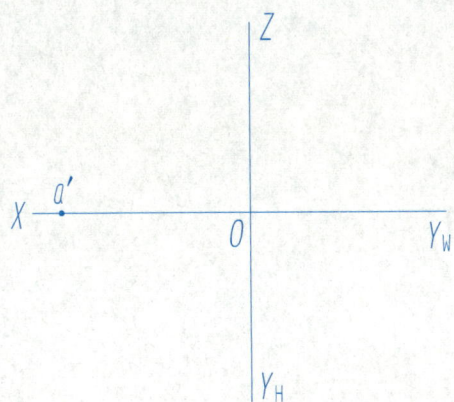

Z
X　a'　　　O　　　Y_W
Y_H

2.完成四棱柱截断体的俯视图和左视图。(9分)

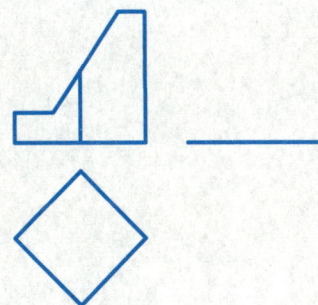

3.补画相贯线的正面投影。(4分)

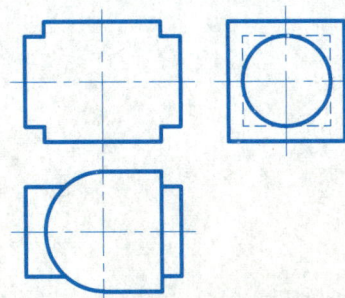

4.根据形体的三视图绘制轴测图。(轴测图种类自选，尺寸从图中量取)(12分)

三、组合体。(20分)

1.由轴测图量取尺寸，1：1绘制组合体三视图。(12分)

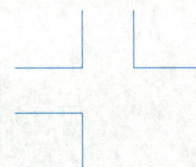

得分

2.补画第三视图。(8分)

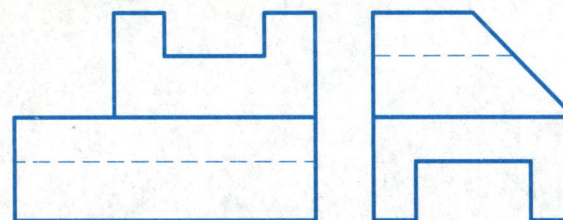

模拟试卷(三)　　　　　　　　　　　　班　级　　　　姓　名　　　　学　号

四、机件表达。(30分)　　　　　　　　　得分 ☐

1.补画视图、剖视图中遗漏的图线。(14分)

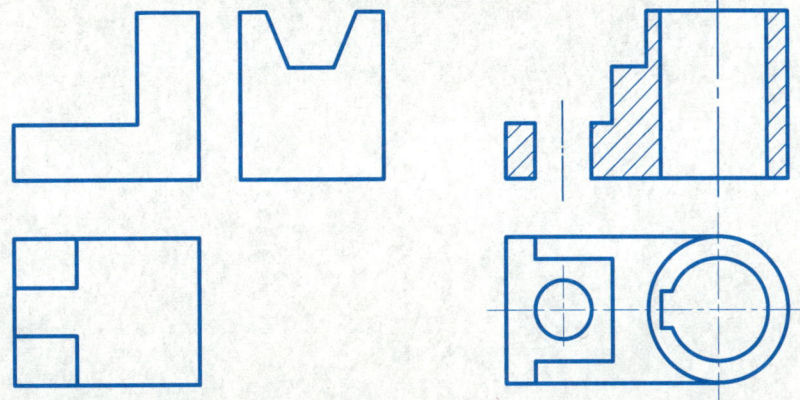

2.在图中指定的位置上，把主视图画成全剖视，左视图画成半剖视。(16分)

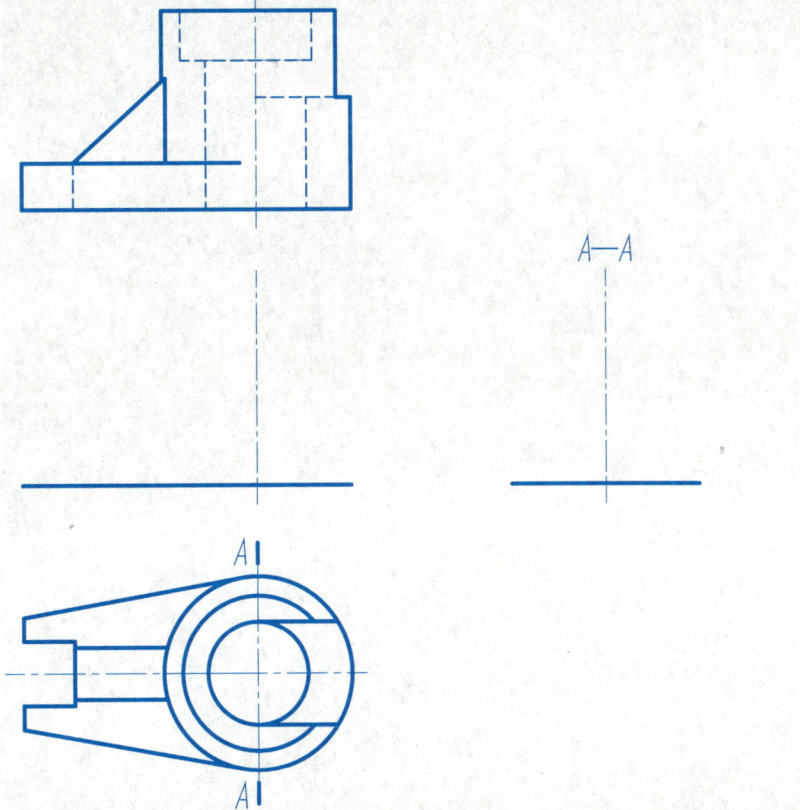

A—A

五、机械图。(10分)　　　　　　　　　得分 ☐

1.下列销连接图中正确的是(　　)。(2分)

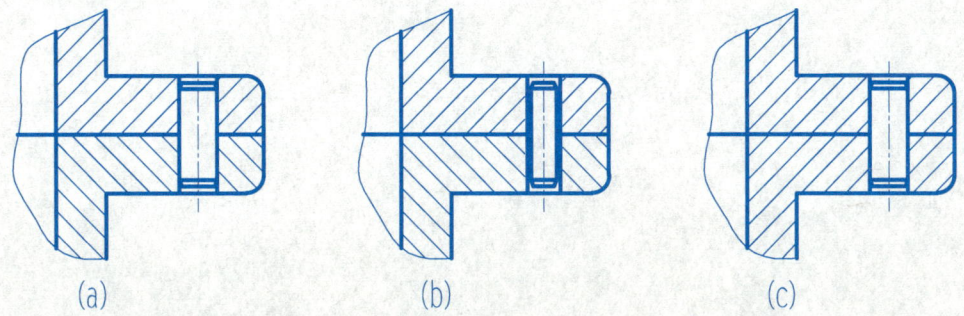

(a)　　　　　(b)　　　　　(c)

2.下列键连接图中正确的是(　　)。(2分)

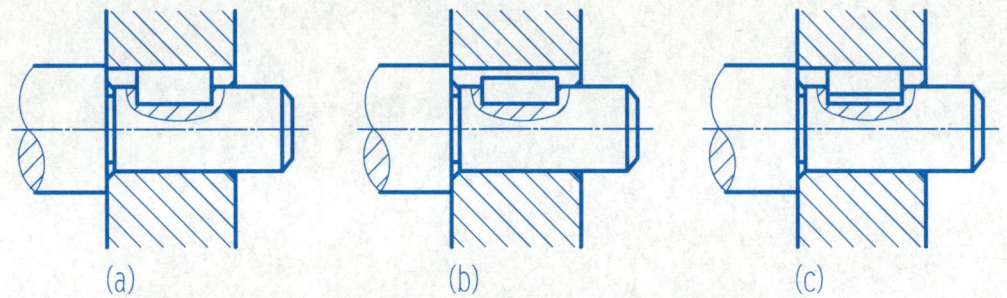

(a)　　　　　(b)　　　　　(c)

3.分析下列错误画法，并将正确的图形画在下边指定的位置。(6分)

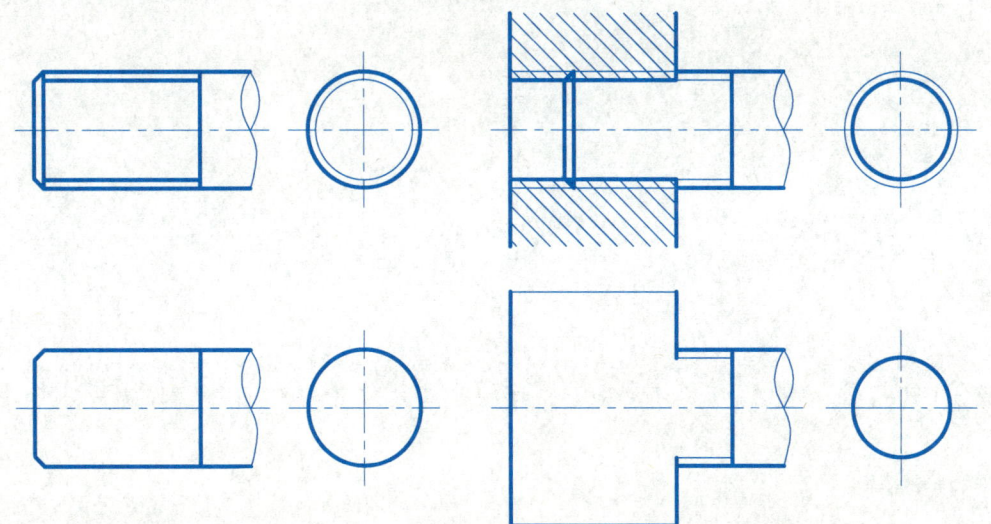

诚
信
考
试

杜
绝
作
弊

20 -20 学年第　学期《工程制图》试卷　卷

使用班级：　　　　　　　　课程编号：

闭　　卷：　　　　　　　　答题时间：120分钟

题号	一	二	三	四	五	总分
得分						

一、参照左侧给出的图样，在指定位置按1：1比例，绘制平面图形。(10分)　　得分

R9　R40　R12　φ8　R60　φ14

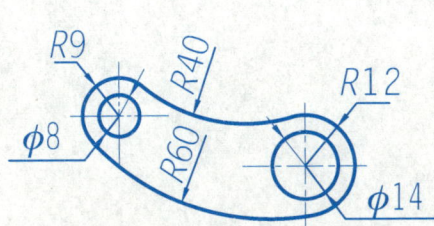

二、投影图。(30分)

1.绘制直线的三面投影。(8分)

(1)水平线AB，从点A向左、向前，β=30°，长25。

(2)正垂线CD，从点C向后，长15。

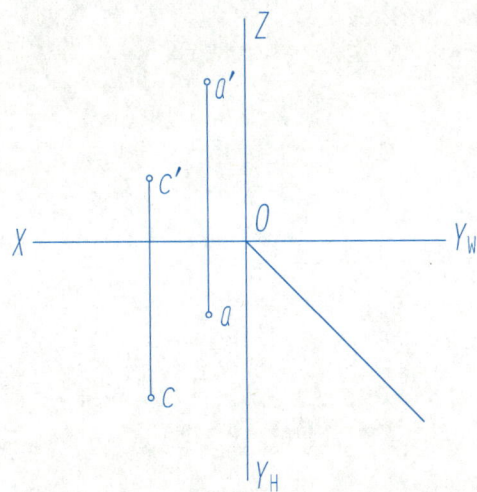

2.完成四棱台截断体的俯视图。(6分)

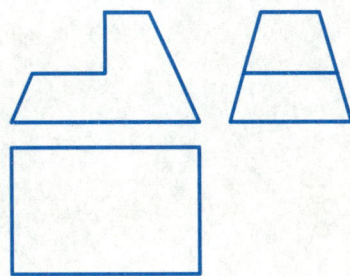

3.完成相贯体的俯视图。(6分)

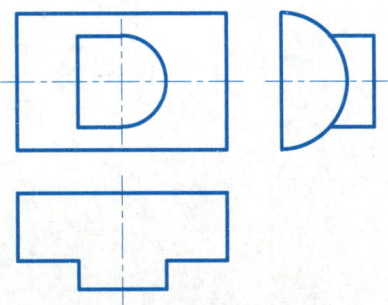

4.根据形体的三视图绘制轴测图。(尺寸从图中量取)(10分)

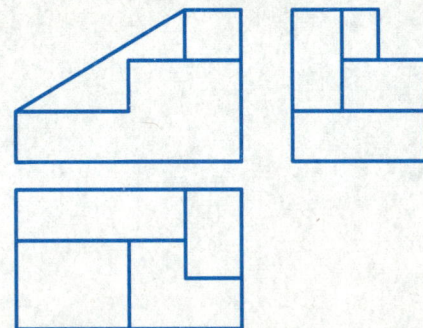

三、组合体。(20分)　　　　　　　　　　　　得分

1.由轴测图量取尺寸，1：1绘制组合体三视图。(12分)

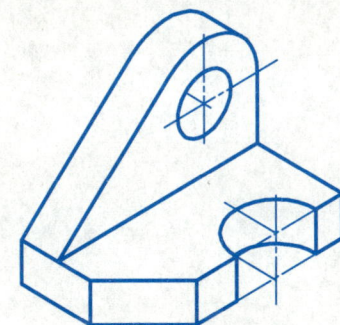

2.补画第三视图。(8分)

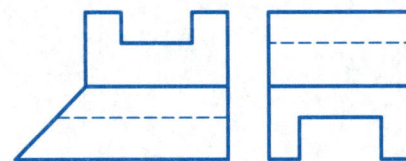

四、机件表达。(30分)　　　　　　　　得分 ☐

1.补画视图、剖视图中遗漏的图线。(14分)

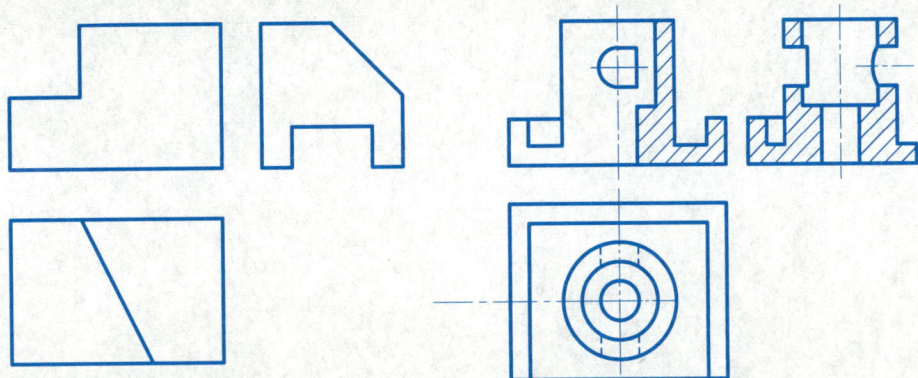

2.在图中指定的位置上，把主视图画成半剖视，左视图画成全剖视。(16分)

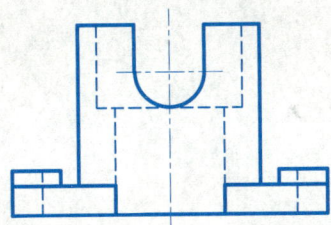

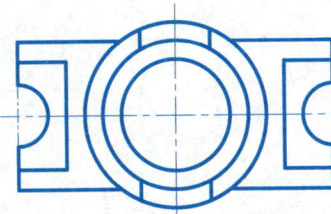

五、机械图。(10分)　　　　　　　　得分 ☐

1.在右侧横线上写出各标准件的名称。(4分)

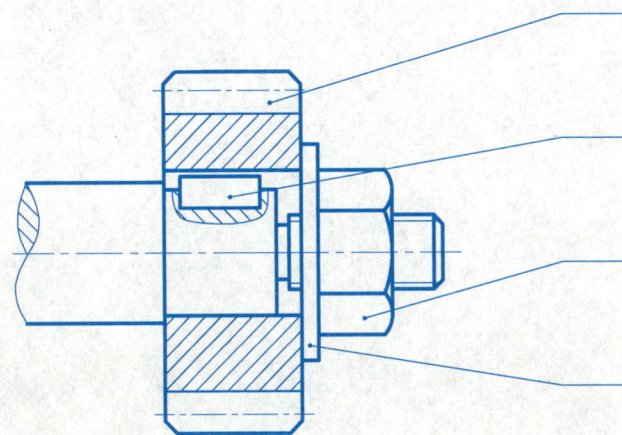

2.分析下列错误画法，并将正确的图形画在下边指定的位置。(6分)

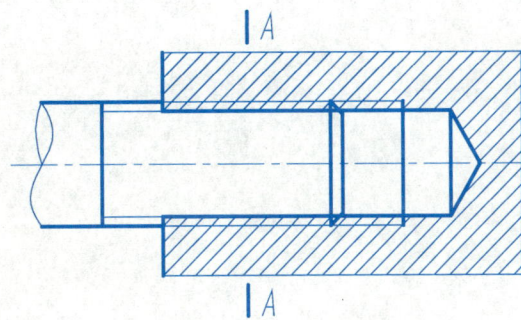

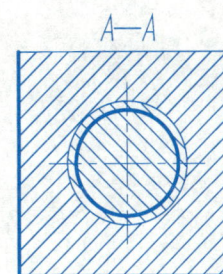

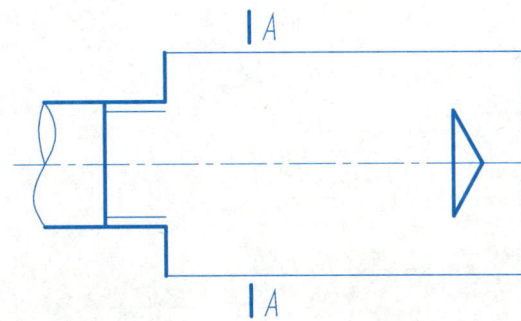

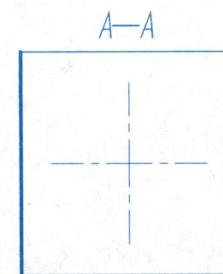